広電
宮島線
もっと魅力発見！

中田裕一 著

南々社

現広電西広島駅に停車中の1020形電車（『広島電鉄100年・創立70年史』広島電鉄株式会社、2012〈平成24〉年より）

はじめに
宮島線を探る旅に出かけよう

みなさんは広島が交通の見本市のような街だとお気づきでしょうか。そして、最近は耳にすることが減ったものの、「広島は3B[*1]の街」と言われていたのをご存じでしょうか。

新幹線、電化と非電化の在来線、新交通システム、わが国初の国産路線バス、JRグループ唯一の連絡船、瀬戸内海の島々を結ぶ航路、ロープウエー、自動車メーカー。スカイレールもありましたし、日本最大規模の路面電車と本書のテーマでもある宮島線など、多彩な交通手段が広島には集まっています。

一方で、地下区間を走るアストラムライン[*2]はありますが、中量輸送機関としてデルタ内の移動を支えた路面電車が十分な役割を果たしていたことや、3Bの一つであるバスネットワークによる補完があったことで、地下鉄待望論は他都市ほど広がりませんでした。加えて、広島の街は太田川の河口に広がった扇状地であり、地下鉄建設には非常に深く掘り込む必要があったというのも、地下鉄が広がらなかった理由かもしれません。

２０２２年８月22日に開業１００周年を迎えた宮島線

阿品付近を走行する最新5200形APEX電車（撮影：来得研治）

は、広島市西区己斐本町の広電西広島駅から、日本三景「安芸の宮島」の対岸、廿日市市宮島口を結ぶ地方鉄道であり普通鉄道です。

「ちょっと速い路面電車」のように思われていることもあるようですが、もともと宮島線と市内線は線路がつながっておらず、宮島線は独立して運行していました。開業当初の宮島線は、単なる通勤・通学路線とは大きく異なっていたようです。

地下鉄が広がらず、路面電車が普及していたからこそ、広島都心部と郊外のベッドタウンを結ぶ役割が、宮島線には求められました。近年欧米では都心部を走る路面電車の鉄道線乗り入れ「トラムトレイン方式」が増えていますが、広島では60年以上前の昭和30年代から「直通電車」として、この方式が導入されていたのです。

本書では、貴重な資料をもとに各駅の歴史や散策ルートなどを紹介するとともに、約100年前に発行された「電車沿線案内」「初三郎鳥瞰図」を復刻して（10ページ参照）、現在の様子からは想像できない黎明期の宮島線の魅力も探ります。

100年前の情景を知ることで、現在の宮島線沿線の魅力再発見につながれば幸いです。

2024（令和6）年3月吉日

中田　裕一

＊1　3Bの街：BUS（バス）、BRIDGE（橋）、BRANCH（支店）が多いということ

＊2　アストラムラインは、県庁前駅〜本通駅間が地下鉄として扱われています（日本最短の地下鉄）

広電
宮島線 もっと魅力発見！
もくじ

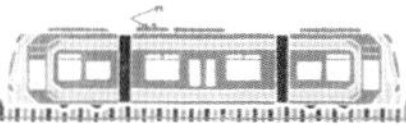

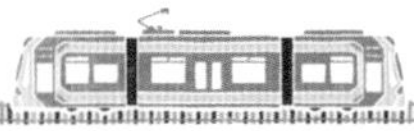

本書を読む前に

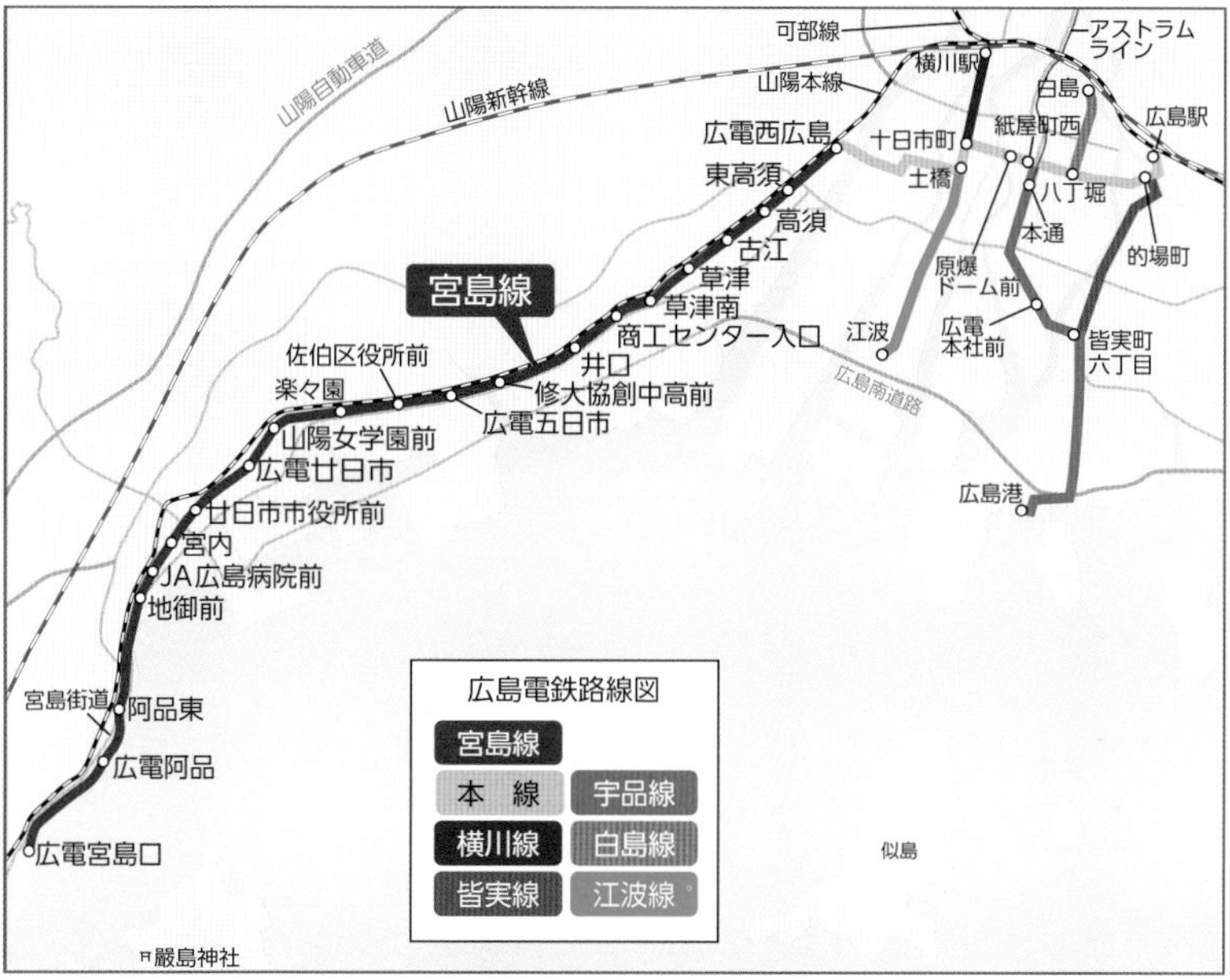

※宮島線以外の線（市内線）は、主な電停のみ記載しています

●本書後半の『廣島市内宮島線電車沿線案内』（電車沿線案内）は、なるべく復刻に近い形で掲載しています。広告部分は、１ページを１／４ページで掲載し、独自のページ番号を付けています。運賃表は割愛しています。

●巻末の復刻資料『宮島廣島名所交通圖繪』（初三郎鳥瞰図）は、表紙を除いた中身（鳥瞰図の裏表部分）を、可読性を考えて拡大し、復刻しています。

●本書では、起点の広電西広島駅から下り側を見て左を海側、右を山側と表現しています。

●本文に登場する太字は、散策ルートで登場するスポットを指しています。

●ご紹介しているコースの所要時間は、徒歩での大まかな移動時間と、各スポットでの滞在時間を含めたおおよその目安です。

●広電宮島線の運転士であり自身も撮り鉄という友人が紹介する、撮られる立場からのおすすめの場所を、散策ルートに「撮影スポット」として掲載しています。

●「ちょっと一息」の項目で紹介するお店の位置を、マップ上では☕で示しています。

●駅の位置は、基本的に上下ホームの中間点を示しています。ルートの都合上、下りのホームの位置に置いている場合があります。

●散策ルートのなかには、交通量が多かったり、細い道だったりする場合があります。実際の交通ルールとマナーを守って、散策を楽しみましょう。

●本書に掲載している情報は、2024（令和６）年３月現在のものです。交通事情、掲載エリアの地図、休憩処の情報などは、変更される場合があります。事前にご確認ください。

イントロダクション

黎明期の宮島線は花と果実に包まれた シーサイドラインだった

宮島線の線路は、そのほとんどが江戸時代中期以降から明治期の埋め立て地(新開)と、宮島線敷設のために広島瓦斯電軌《がすでんき》株式会社（現在の広島電鉄株式会社）によって埋め立てられた部分で占められています。

1931(昭和6)年に全線開通した当時では、荒手駅(現草津南駅)から井口駅の西側500m付近、地御前神社付近、沖島橋（地御前～阿品東駅間にあるSカーブ上にかかる道路橋）から終点の広電宮島口駅まで線路の横は海でした。

商工センターの埋め立てで海は遠くなり、現在では阿品東駅付近と田尻2踏切付近のわずかな部分しか海沿いを走る区間はありません。

しかし、痕跡はしっかりと残っており、草津南駅から井口駅の西側500mと阿品東駅西側の「おあがり場公園」付近から田尻2踏切付近までは、開通時の堤防が線路のすぐ横に今も残っています。宮島線を守る堤防の特徴である潮抜き穴が確認できます。

潮抜き穴は、高潮で線路内が冠水した際に、速やかに水を抜くためでもあるし、波力エネルギーを分散することで、堤防を守るためだともいわれています。ちなみに、線路が海水で冠水すると空転や滑走が起きやすくなり、また塩水による漏電《ろうでん》で信号機の誤作動なども起きるため、電車の運行が止まってしまいます。

昭和30年代の井口では、海沿いを走っていたからか、台風が来るとよく電車が止まっていたそうですし、1970(昭和45)年8月14日に広島を襲った台風9号では、いまの阿品東駅東側で高波により、その堤防も破壊され道床《どうしょう》が流されたこともありました。当時の広島電鉄の社内報には被害の生々しい様子が記録されています。この時は上り線路を使って宮島（現広電宮島口）～廿日市間で単線運転が行われました。

宮島線の堤防に残る潮抜き穴
(写真は井口駅西側歩道橋付近、
撮影：来得研治)

広島瓦斯電軌発行『宮島廣島名所交通圖繪』（1928年、巻末に復刻）の裏面には、宮島沿線の一帯は海水浴場として定評があったこと、さらに、景色が良く電車に乗れば瀬戸内海の壮大なパノラマを見るかのようで、誰もが感嘆の声をあげるといった内容が書かれ、べた褒めされています。また表面の鳥瞰図*1にも草津海水浴場や五日市海老山の周りに海水浴場が描かれ、黎明期の宮島線がシーサイドラインだったことがわかります。

花と果実に包まれていた

現在、宮島線沿線で果実といえば、代表格が古江のいちじくではないでしょうか。

先ほどの資料と『廣島市内宮島線電車沿線案内』（1926年、同じく広島瓦斯電軌発行、本書後半に復刻）には、今も残る古江いちじくとは逆に、今では影も形も残っておらず地元の人々の記憶からも消えてしまったものが、しっかりと書かれています。

それは、西広島の絶佳園《ぜっかえん》、百花園《ひゃっかえん》、高須桃山、草津梅山、荒手の菊楽園です。

絶佳園は桜、百花園は名前が示す通り花々にあふれる施設で、高須桃山は桃、草津梅山は梅、荒手菊楽園は菊……住宅やマンションに取り囲まれたいまの宮島線からは想像もできませんが、宮島線の沿線は花に包まれていたのです。

台風9号　宮島線を直撃！

道床を無惨にも洗う！！

▲阿品カーブ地点での被災地。ここでは電柱が倒れかかっている。

▲道床を高潮に洗われ、レールは宙づりとなった。

▲懸命の復旧作業でその日の夜単線運転に成功。使った土のうは、ナンと3千袋

さる八月一四日夜半、山口県下に上陸した台風九号は、広島地方をも急襲。最大風速四〇㍍を越す大型台風は、相当額の被害をもたらしました。

とりわけ、早朝の満潮時と重なったため、沿岸部は高潮を伴って当社鉄道宮島線は、大災害を被りました。

国道2号線と立体交差し、ちょうど海岸線と平行して走る阿品付近では、二ヵ所にわたって、下り線の道床が延べ七五㍍にわたり、完全に洗われ、無惨な姿を露出する有様。高潮は、アノ頑強な堤防を（擁壁）イトも簡単に押し倒し、そして道床をえぐりとり、レールは宙に浮いてしまったほど。さらに、強風は付近の電柱三本をも押し倒される寸前まで追いやりました。これにより、宮島線は上下線とも不通。

折りしも、"お盆"と重なったため、復旧作業は難行をきわめ、全保線係員動員と、緑休暇中の業者の協力など、懸命の努力の末、その日の午後八時五〇分、上り線を使って廿日市―宮島間の単線運転まで復旧に成功させました。

なお、道床を洗われた下り線は一八日夕方に復旧し、ようやく正常通りの運転にもどりましたが、これは応急措置の工事であり、海岸擁壁建設など、完全復旧にはさらに日数と相当額の工費を要します。

台風９号の被害を伝える広電社内報『輪苑』
（1970〈昭和45〉年８月号１ページより）

高潮被害により単線でピストン輸送
緊急時のためか行先表示（写真左側、車両の先頭）も手書きとなっています
（写真提供：田畑晴夫・瀧脇啓佑）

＊1　鳥瞰図：空を飛んでいる鳥になったような視点で立体的に全体を描いた図

宮島線のむかしを探る

「電車沿線案内」「初三郎鳥瞰図」を復刻

◆使う資料

旅に出かける前に、本書で参考にする主な2点の資料について説明します。

宮島線黎明期に広島瓦斯電軌株式会社が発行した『廣島市内宮島線電車沿線案内』（1926年、以下本書では「電車沿線案内」）と、『宮島廣島名所交通圖繪』（1928年、以下本書では「初三郎鳥瞰図」）です。

2点とも本書の後半で復刻しています。

◆電車沿線案内

「電車沿線案内」は、正式には「広島瓦斯電軌株式会社経営電車沿線案内」として1926（大正15）年に発行されました。その名の通りの沿線案内です。市内線の案内も書かれていますが、宮島線の沿線案内が中心となっています。開業から日も浅く現在と違い人口も少なかった宮島線沿線で乗客を増やすには、広島市街の人々を宮島電車で西へ、そして宮島へと誘い、利用を促すことが重要だったことがよくわかります。

◆初三郎鳥瞰図

一方の「初三郎鳥瞰図」は、1928（昭和3）年に同じく広島瓦斯電軌で

発行されたということで、電鉄会社が自社の路線の魅力を広め乗客を誘致する、いわば観光案内ガイドマップのような性質を持ちます。原寸は横110㎝ほどの紙に両面で印刷された資料です(復刻では少し拡大)。

表面にあたる広島を見渡せる絵は、大正の広重として有名な鳥瞰図の第一人者、吉田初三郎[*1]によって描かれました。よく見ると、右側には広島市街と市内線の路線、中央には真っすぐに伸びた1本の直線で宮島線、左側には厳島神社が描かれています。満開の桜が描かれているかと思えば、紅葉の絵もあり、沿線各駅周辺の見どころなどが、その地域にふさわしい季節感で彩られています。

「初三郎鳥瞰図」の裏面を見ると、宮島線の運行案内と沿線の名所や見どころ、そして地元の食材や名産品が紹介されています。当時は観光ガイドとしての役割を果たし、現代では100年前の文化を知る非常に貴重な資料です。

◆新たな一面を発見しよう

本書では、広告部分を含めた「電車沿線案内」と「初三郎鳥瞰図」をご参照いただきながら100年前の宮島線沿線を一緒に探ってみましょう。

現在は住宅街の中を通勤通学といった生活の足として走っている宮島線が、開業間もないころは〝花と果実に包まれたシーサイドライン〟だった一面が、きっと見えてきます。

『宮島廣島名所交通圖繪』(初三郎鳥瞰図) 吉田初三郎
宮島線沿線地域 抜粋(国際日本文化研究センター所蔵)

＊1 吉田初三郎は、全国各地の鳥瞰図を描いており、特に鉄道路線の鳥瞰図を数多く描いています

広電西広島駅

■花と果実に包まれた宮島線のはじまり

開業時

「己斐町《こいまち》」は1922（大正11）年、宮島線開業時の駅名です。ちなみに市内線の電停名は[*1]「己斐」でした。1931（昭和6）年に「己斐町」を「西広島」に駅名変更しても、市内線の電停は「己斐」のままでした。

路面電車である市内線と、鉄道線である宮島線は、ホームもそれぞれ分かれており、直通運転が始まっても己斐電停と西広島駅の両方に電車は停車していました。2001（平成13）年11月1日に、己斐電停と西広島駅を大きな一枚屋根の下に統合し、乗換の利便性が向上され「広電西広島（己斐）」となるまで駅名を分けていました。これは、宮島線はれっきとした鉄道であるという強い意思表示だったのかも、などと思ってしまいます。

ちなみに同日、市内線の「紙屋町」も「紙屋町東」「紙屋町西」と電停名が変わっています。

*1 鉄道線は駅、路面電車は電車停留所を略して電停といいます

植木と盆栽の街

「電車沿線案内」復刻10ページやこの地域についての資料[1)]は、共通して、己斐は植木や盆栽の町であったことを示しています。

その歴史は江戸時代に遡《さかのぼ》り、紀州から広島に移ってきた浅野のお殿様が連れてきた牡丹職人が、好適地として己斐を選んだことが始まりです。特に大正から昭和の初期は、全国の植木や盆栽の相場は己斐で決まっていたほどでした。大正10年に己斐につくられた花市場は商工センター（36ページ）に移転しましたが、己斐は今でも植木や盆栽の街です。

1) 廣島縣立廣島商業學校職員 監修、廣島縣立廣島商業學校第五年級生徒 合著『廣島縣商業誌』廣島縣立廣島商業學校々友會、1933（昭和8）年。薄田純一郎 編、薄田太郎 著『がんす横丁 第4巻』たくみ出版、1973（昭和48）年

代表的な花の名所

植木と盆栽の町・己斐を示すものが「初三郎鳥瞰図」にも描かれており、ひとつが**絶佳園**、もうひとつが**百花園**です。

己斐町駅で行われた宮島線の開業

散策ルート（所要時間 約1時間30分）

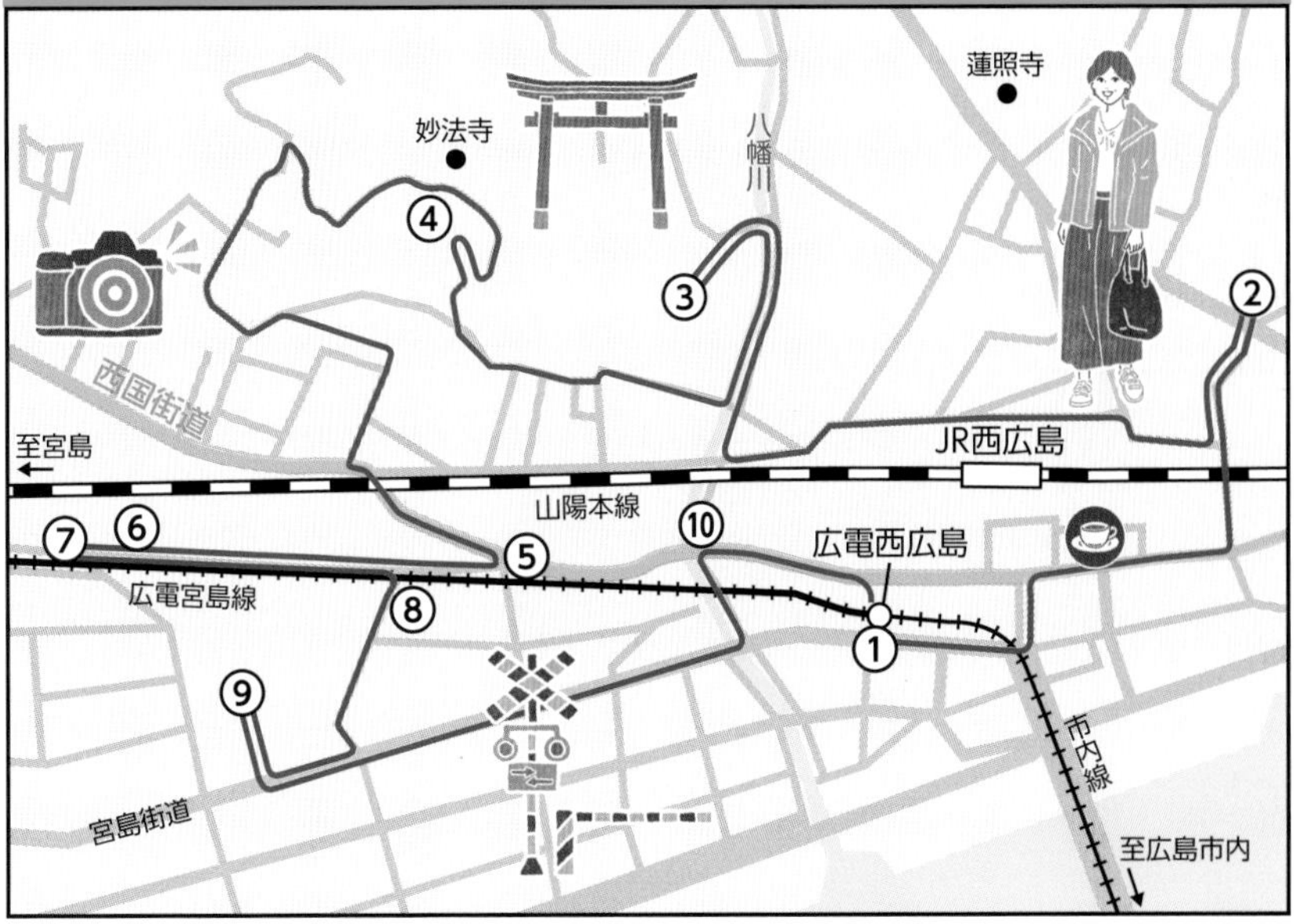

広電西広島駅

← 徒歩1分

①KOI PLACE（広場）で電車観察

← 徒歩10分

②百花園の山

← 徒歩20分

③旭山神社
150段近い階段あり

← 徒歩15分

④絶佳園跡

← 徒歩20分

⑤別れの茶屋踏切

← 徒歩5分

⑥撮影スポット

← 徒歩1分

⑦石積みの路盤
庚午新開浸水対策でかさ上げされました

← 徒歩4分

⑧麻紡踏切

← 徒歩7分

⑨被爆給水塔
（日本麻紡績工場給水塔）

← 徒歩8分

⑩桜川踏切と西国街道に架かる源左衛門橋

← 徒歩1分

広電西広島駅

開業時の石積みの路盤を走る宮島線

式典で、**旭山神社**の宮司が祭主として祝詞を奏上したのですが、神社の西側には絶佳園がありました。「初三郎鳥瞰図」には、桜の名所であることが書かれています。小吉野と呼ばれるほどの桜の名所だった絶佳園ですが、現在は石段しか残っていません。けれども、絶佳園の桜が名づけたであろう「桜川」に関する施設が宮島線には残されています（後述）。

　百花園は、「初三郎鳥瞰図」の沿線年中行事の1月に、雪見の名所としての記載もあります。１９００年代の資料[2)]には、梅の木が非常に多く植えられ、四季折々の美しい風景が楽しめると紹介されています。古い絵葉書に残る写真を見ても、眺望が良さそうです。高層建築物のない時代に高台から広島市街や瀬戸内海を一望にしつつ、花々に囲まれる百花園は、植木と盆栽を売りにする己斐の代表的な施設でした。

遠くに似島が見える絶佳園付近からの眺め

百花園（大正頃、広島市公文書館所蔵）

2）渡利長一 編『広島県案内記』藤谷長吾、１９０３（明治36）年

馬小屋からの進化？

花と緑に囲まれた己斐町駅構内には、宮島線用の己斐車庫がありました。現在の大きな屋根で覆《おお》われた広電西広島駅と、宮島観光道路（通称、宮島街道）との間に、細長い商店街がありますが、その商店街を越えて宮島街道の歩道付近まで、己斐車庫の線路がありました。

　余談ですが、どうやら己斐車庫の場所にはもともと馬車用の馬小屋があったようです。馬小屋から電車の車庫に変わっていくとは、交通機関としては正統な？進化かもしれませんね。

桜川踏切

西広島からすぐ西には踏切と川があります。

この踏切は「**桜川踏切**」、川にかか

桜川橋梁

る橋は「桜川橋梁《きょうりょう》」です。でも、そこに流れている川は八幡川《はちまんがわ》で、己斐に桜川はありません。「桜川」という名前は、桜の名所であり小吉野と紹介されている絶佳園の満開の桜が散って花筏《はないかだ》となり、川面を覆ったから、俗称として桜川と呼んでいたのがルーツという説があります。山陽本

別れの茶屋踏切

線の八幡川に架かる橋も「桜川橋梁」であることから、己斐は植木や盆栽だけでなく、桜の町でもあった歴史が残されていますね。

その桜川を越えた先にあるのが、「**別れの茶屋踏切**」です。

別れの茶屋の由来には諸説ありますが、私は、広島城下を離れて西国街道を西の旅立ちに際し、お茶をいただきながら別れを惜しむ姿を思い浮かべてしまいます。

麻紡踏切

別れの茶屋踏切のお隣にあるのが、「**麻紡踏切**」です。

かつて、麻紡踏切の先に日本麻紡績株式会社の工場がありました。今は通行量も少ない踏切ですが、往時は紡績工場で働く人々の通勤経路であったことから、宮島線で最も通行量の多い踏切だったそうです。

大正頃の工場の中心には、シンボ

麻紡踏切

ルのような大煙突とレンガ造りの**給水塔**が建っています。今では工場はなくなったものの、跡地には数少ない被爆建物として給水塔が大切に残されています。

　このように、宮島線の踏切名には地域を探るヒントが隠されています。

日本麻紡績株式会社の工場（左：大正頃、広島市公文書館所蔵）と給水塔

まっすぐな線路

広電西広島駅のホームから、西側に延びる宮島線の線路を見てください。

　気持ち良いくらい、まっすぐです。歴史のページ（90ページ）にも書いていますが、駅周辺も含めて草津ま

まっすぐな線路

での区間は埋め立て地（新開）で、それ以前は海でした。

宮島線敷設工事の頃の庚午新開（明治初期の埋め立て地）は、江戸期の埋め立て地と違ってまだ日の浅い荒地だったので、用地確保には苦労がなかったのかと思えるほどの一直線です。

いざ、宮島線探索の旅へ！

さあ、お待たせしました。

それでは電車に乗って、宮島線探索の旅に出ましょう。

出発進行！

発車すると、ぐんぐんスピードを上げていきます。

さっきまで市内線（路面区間）をゆっくり走っていた電車が、違う乗り物になったかのように快調に走ります。

私はこの瞬間が大好きです。宮島線に入ったと実感できます。

地元紙に掲載されていた「誘導路をゆっくり進んでいた飛行機が、離陸のために一気に加速するのと同じ快感」という読者投稿欄を以前読んだ記憶がありますが、まったく同感です。

退屈していた旅行者も「ナニゴトだ」とキョロキョロしています。

目を凝らして高さを感じて

さて、一直線で線路を敷けた庚午新開ですが、電車から見ると、線路が並行する道路より少しだけ高くなっていることにお気づきでしょうか。台風などで堰《せき》が切れることの多かった庚午新開なので、**線路の路盤が石積みでかさ上げ**されているのです。

先ほどの麻紡踏切から西広島バイパスの高架下付近までは、丁寧に石積みされた路盤を見ることができます。

ちょっと一息

cafe&dining **COTAN** コタン

ワンプレートランチや週替わりのパスタランチがオススメ。なにから食べようか迷ってしまう！

住所　広島市西区己斐本町1-13-6 岡田ビル1F
電話番号　082-271-1447
営業時間　11：00～14：30、17：00～22：30
日曜のみ11：00～14：30
（L.O.は閉店30分前）
定休日　月曜

開業時に石積みされた路盤

東高須駅・高須駅

忘れ去られた桃山の跡を探す

開業時の東高須駅
（広電社内報『輪苑』1964〈昭和39〉年12月号6ページより）

1957（昭和32）年頃、高須駅へ走る1014号
（J・W・ヒギンズ氏撮影、名古屋レール・アーカイブス所蔵）

要望から生まれた駅

「電車沿線案内」にも「初三郎鳥瞰図」にも、東高須駅は書かれていません。

なぜなら東高須駅が開業したのは1964（昭和39）年のこと。広島電鉄の社内報には「地域住民の要望」と開業理由が書かれています。

関西第一の桃山があった

東高須駅からわずか380mしか離れていないのが、高須駅です。「電車沿線案内」復刻12ページには、高須駅から北に2町（200m余）進んだところに、関西第一の桃山があったと書かれています。関西第一ということは西日本一ということなのでしょうか。高須にそんなすごい桃山があったとは驚きです。

「初三郎鳥瞰図」には「鶏なくや小富士の麓桃の花　虚子」と紹介されています。これは正岡子規の有名な句で、小富士とは松山沖の興居島のことです。この句は高須桃山で詠まれたのではありませんが、「安芸の小

散策ルート（所要時間 約1時間）

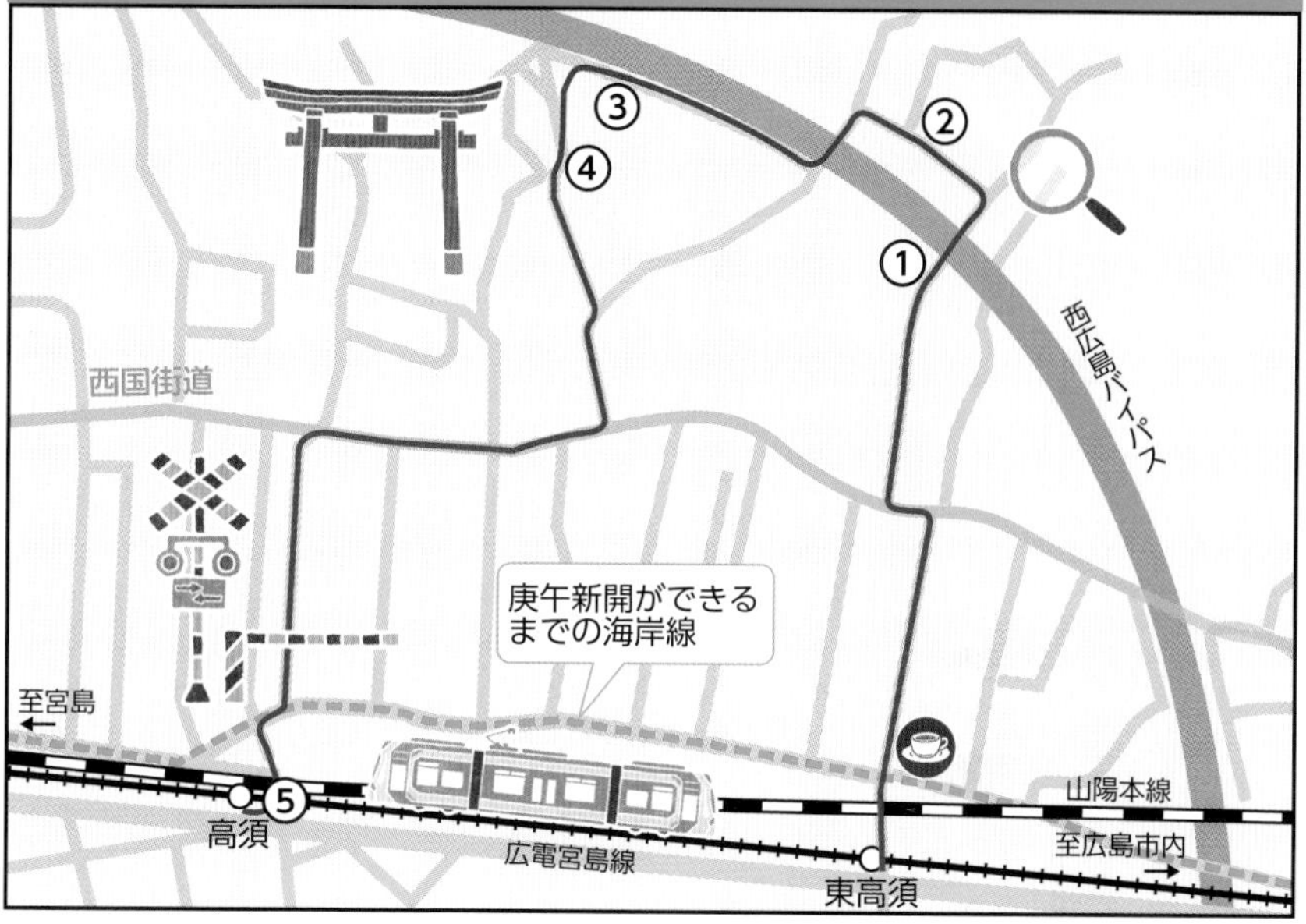

東高須駅
← 徒歩12分
① 高須桃山の遺構？
← 徒歩3分
② 珍しい下向きカーブミラー

← 徒歩5分
③ 高須第一公園
高須桃山があったころと同じく、遠くに似島を見渡せる場所
← 徒歩1分
④ 大歳神社
← 徒歩15分
⑤ 高須踏切
← 徒歩1分
高須駅
JR線路から庚午新開

富士」といわれる似島《にのしま》を一望にできる桃山を紹介するには、ちょうど良かったのかもしれません。

『日本案内記 中国 四国篇』[1)]には、

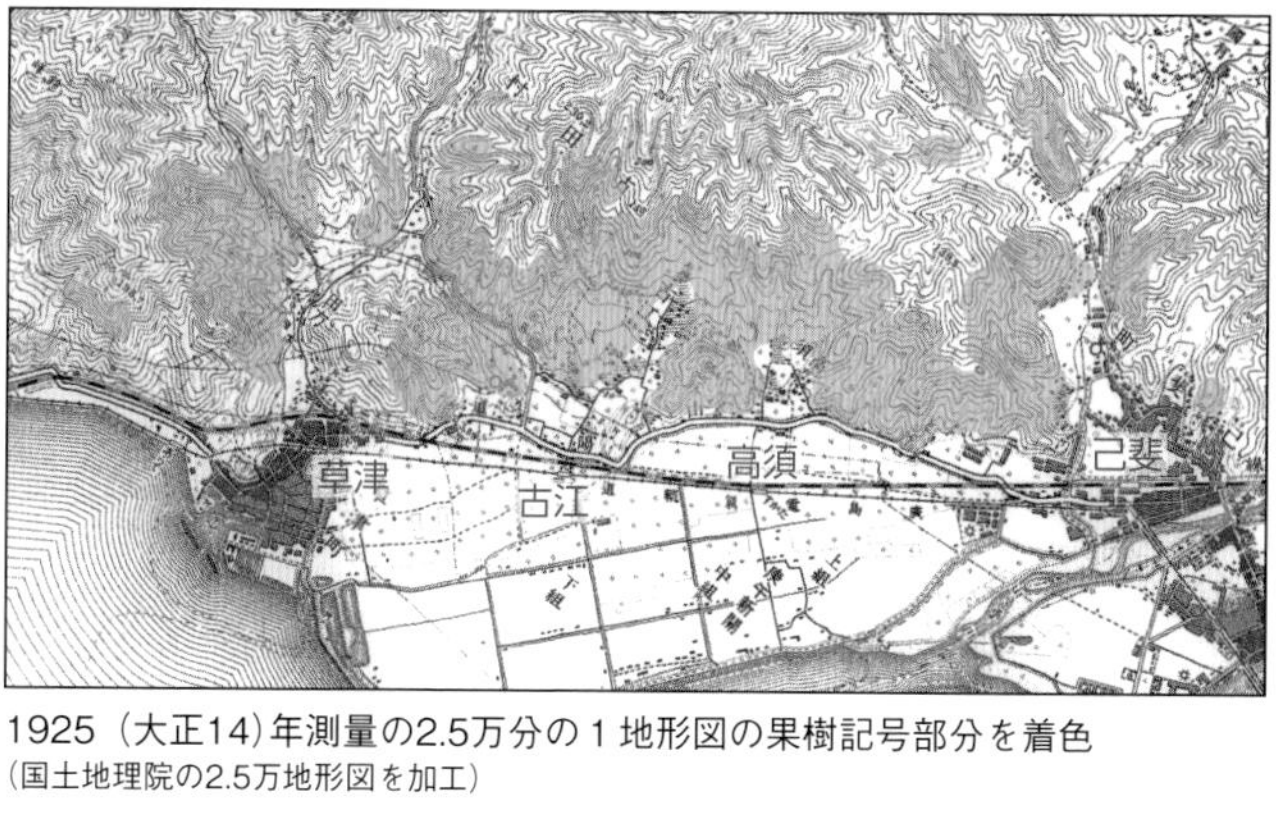

1925（大正14）年測量の2.5万分の１地形図の果樹記号部分を着色
（国土地理院の2.5万地形図を加工）

高須にある庭園は1902(明治35)年に植栽が始まり、桃の老木が20数万本、庭園の面積は60ヘクタールにわたり、春には山一面が桃色に染まったと書かれています。

　20数万本に60ヘクタールとは、千本桜で有名な吉野山(奈良県)どころではありません。規模の壮大さと褒められようから、満開の時期はさぞかし見事だったのでしょう。西広島バイパスが通り住宅地となっている高須ではなく、どこか遠い町のことのようにも感じてしまいますが、間違いなく宮島線沿線の高須のことなのです。

　1916(大正5)年に発行された『広島県佐伯郡勢要覧』[2]には、桃の生産量は古田村(高須・古江)が突出していると示されています。

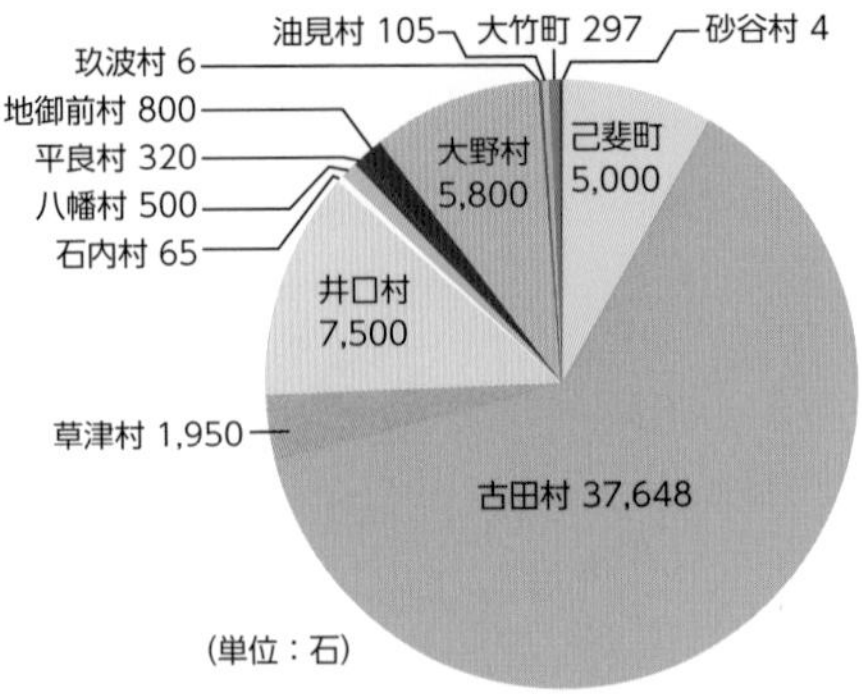

桃の生産量（『広島県佐伯郡勢要覧』広島県佐伯郡役所、1916〈大正5〉年、95ページをもとに作図）

1) 鉄道省 編『日本案内記 中国 四国篇』博文館、1934(昭和9)年
2)『広島県佐伯郡勢要覧』広島県佐伯郡役所、1916(大正5)年

ちょっと脱線

宅地化され、マンションが建ち、バイパスも通る現在からは想像もできないのですが、桃山はいったいどこにあったのでしょうか。そのヒントが「電車沿線案内」にあります。ただ、ここでは少し脱線します。

「電車沿線案内」の表紙の裏に第一

「電車沿線案内」（左：表紙の裏、右：復刻13ページ）より抜粋

印刷株式会社の広告が掲載されています。広告には第一印刷株式会社と思われる建物と、その背後に煙を引いて疾走する蒸気機関車が写り込んだ写真があります。

　次に「電車沿線案内」復刻13ページ上段にある「高須桃山桃の眞盛り」と題された写真をよく見ると、わざわざ「第一印刷株式会社」とキャプションが入っています（赤線部分）。

　電車沿線案内は非売品として製作されたので、発行に必要な費用を広告で賄《まかな》ったと思われますが、第一印刷株式会社はなかなかの割合で出資したのかもしれません。ただし「電車沿線案内」を印刷したのは廣島市猿楽町にあった佐伯便利社印刷部と記載されています。

桃山はどこ？

　話を元に戻すと、先ほどの2枚の写真から、第一印刷株式会社は現在の市営高須アパートの場所にあったことがわかります。つまり、蒸気機関車の走っているあたりが東高須駅ということになります。そして高須桃山は現在の**高須第一公園**や高須第二公園などの一帯となります。

　現在は西広島バイパスが通っており、関西第一とされた桃山の面影はありません。実際に現地を歩いてみると、石垣や水路など往時を思わせるような東西の斜面と、見通しの悪さを象徴するような**下向きのカーブミラー**に出合います。高須第一公園からは遠くに似島を望むことができ、すぐ下には桃山の歴史を見つめていたであろう**大歳神社**もありますが、桃山の記憶は遠く薄れ去ってしまったようです。

高須第一公園から大歳神社境内（右）と広島市街を望む。
桃山から100年、眺めは大きく変わりました

高須桃山の遺構？（中央）

わずか100年足らずで、見事に忘れ去られた高須桃山。

　宮島線沿線に桃山あり。忘れたくないものです。

共同踏切のひみつ

　ところで、駅に接する**高須踏切**は、山陽本線との共同踏切です。なぜ、ここで宮島線と山陽本線が接近したのでしょうか。

　線路の山側は西国街道も通る昔からの土地で、それなりに家々がありました。それに対して、線路があるあたりからは海でした。明治になって庚午新開として埋め立てられた後もまだ人家は少なく、山陽鉄道は己斐から草津に進む鉄道を敷くにあたり、用地買収に苦労しないルートを選択しました。

　その25年後に宮島線を敷設することになり、己斐と草津を直線で結ぼうとすると、必然的に高須で接近することになります。高須駅の下りホームにあるベンチに腰かけて、目の前の線路とその向こうに見える道路の高さの違いを見ると、「あぁ、あそこまで海だったのかな」と感じることができます。

　では、高須を離れて古江に向かいましょう。

接近している山陽本線(奥)と宮島線(手前)

線路から写真右側が庚午新開

ちょっと一息

quetzal ケツァール

実直なオーナーの手によるケーキ達は、五感が喜ぶ。焼き菓子も豊富です。

住　所	西区高須1丁目4-7 Reno第6ビルヂング 1F
電話番号	082-274-3020
営業時間	平日 10：00 ～ 18：00 日曜・祝日 10：00 ～ 17：00
定休日	月・火曜(臨時休業あり)

古江駅

■長いホームからみる歴史の変遷

扱いの小さい〝いちじく〟

電車は古江駅に着きました。この駅は1922(大正11)年の宮島線開業時に開設されました。

　高須は桃でしたが、宮島線沿線で果実といえば、代表格が古江のいちじくではないでしょうか。宅地化が進み生産量は減少しましたが、高須の桃と違い、現在でも多くの人々に好まれる特産品です。

　8月末から収穫が始まり、朝もぎの取れたては地元ならではの特権です。今でも沿線の自慢の一品として胸を張って紹介できます。しかし、なぜだか「電車沿線案内」や「初三郎鳥瞰図」では古江の扱いは小さいのです。

「電車沿線案内」には「無花果の産地として名を知られたる古江」の一行しかありません。「初三郎鳥瞰図」には広島名物として「無花果羊羹《ようかん》」の記載があるものの、古江は羊羹ではなくいちじくそのものの産地なので、古江については特に言及がありません。

　1930(昭和5)年には、飛行機で韓国に輸出されるほどの特産品であった古江のいちじくなので、もうちょっと大きく取り上げてもよかったのにと、少し残念な気がします。

小さな鉄橋

古江駅上りホームの真下には川が流れており、宮島線は小さな鉄橋を渡っています。橋の名は「武左エ門橋梁」。都市整備で道路が移設されるまで、武左エ門橋梁の横には道路が通っており、旧古江踏切がありま

武左エ門橋梁

下りホーム 屋根の違いで旧高低ホームがわかります

アスファルト部分（赤丸部分）が初期低床部

した。

道路の移設とともに古江踏切も現在の場所に移りましたが、その影響で古江駅のホームは妙に長いホームになっています（詳しくは102ページコラム）。

踏切名からわかる歴史

さて、古江駅を出発した電車はすぐ「**樽下踏切**」を通ります。

この樽下踏切の「樽」について探ってみましょう。

樽下踏切から西に400mほど離れた場所に「**樽ヶ崎宮**」という小さなお宮があります。お宮は「樽ヶ鼻《たるがはな》」と呼ばれる高台にあるのですが、「鼻」とは、海に突き出した岬という意味があることから、その辺りが昔は海だったことがわかります。

調べてみると、樽ヶ崎宮は、

・神宮皇后が三韓征伐《さんかんせいばつ》の途中に立ち寄る

・初代天皇といわれる神武天皇が、九州を治めたのち、奈良に向かう際に立ち寄った

・源頼朝の異母弟、源範頼が平家追討の際、昔に習い陣を取った

・足利義満公が宿陣

・豊臣秀吉も朝鮮出兵の際に宿陣

など、小さいけれども歴史的な人物

樽ヶ崎宮

散策ルート（所要時間 約 40 分）

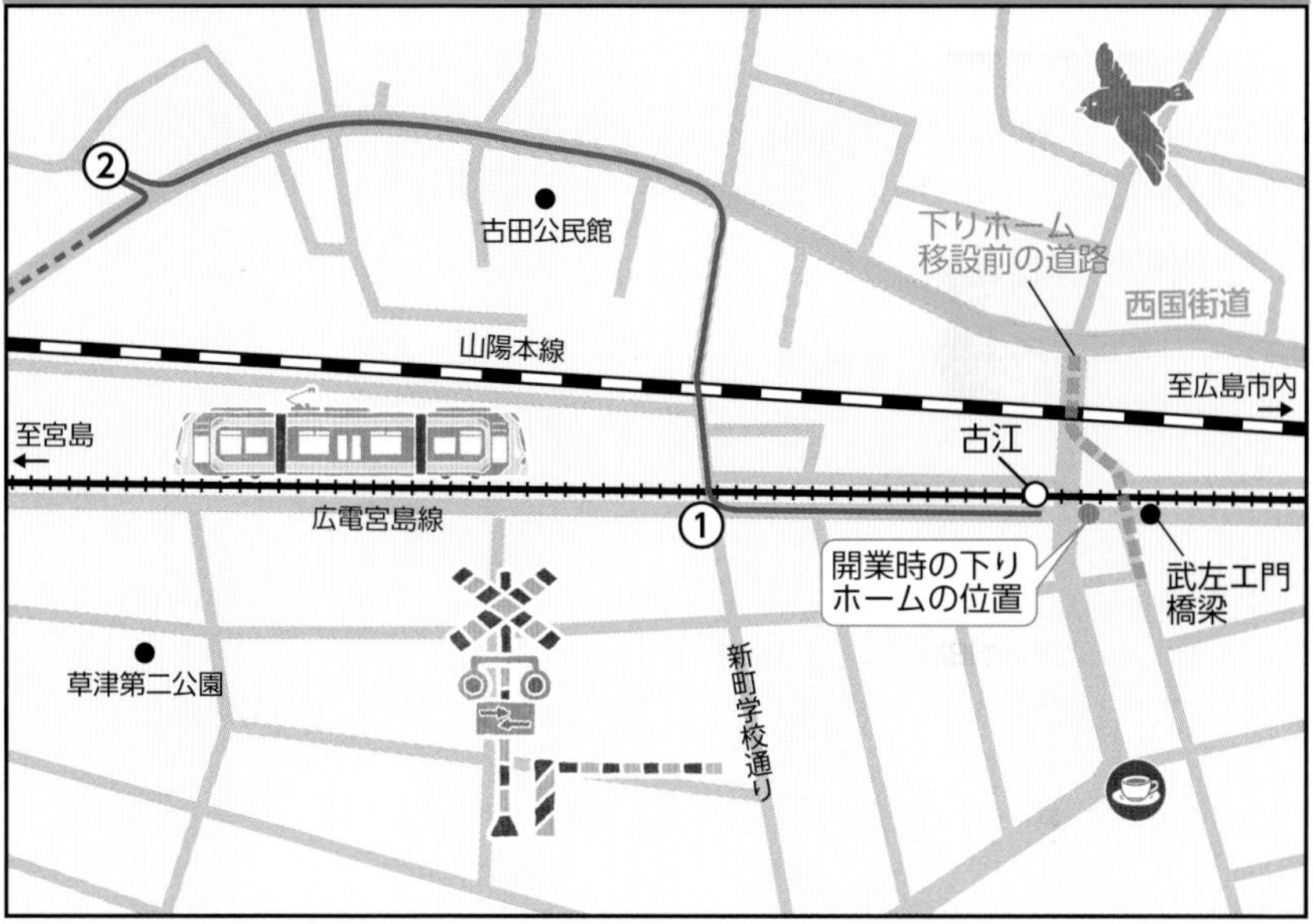

古江駅

上りホームの真下には、武左エ門橋梁と小さな川が見えます

こちらは妙に長い下りホーム

← 徒歩1分

① 樽下踏切

← 徒歩10分

② 樽ケ崎宮

← 徒歩13分

続きは「草津駅」27ページへ

にまつわる場所でもあります。
それぞれ先例に習い陣を取ると、近隣諸国からは祝儀のために人々が集まり樽酒をならべて饗応したので、樽ケ崎と名がついたらしいです。踏切の名前は、こんな歴史にもつながっています。

ちょっと一息

こうしい屋 **蛇舞珈亭**

コーヒーはネルドリップ。
注文を受けてから豆を量り、挽く。
先代マスターから受け継がれた至福の一杯をどうぞ。

住　　所	広島市西区古江新町 1-30
電話番号	082-274-7277
営業時間	10：00 ～ 18：00（L.O.16：00）
定 休 日	火曜、第2・4月曜（火曜が休日の場合は水曜）

草津駅

■魚の香り漂う港町として栄えた駅

宮島線を支えてきた草津駅

1922(大正11)年、宮島線開業と同時に開業し、当時の名前は「草《くさ》津町駅《つまちえき》」でした。

初期の草津町駅(広島電鉄所蔵)

現在

最初に開通した区間の始終点でもあり、草津の人々や海産物など、物資の出入口としてターミナル性も求められたため、立派な駅舎が建てられ、出札窓口や待合室、改札口や売店を備えていました。荷役や折り返しのための側線*1もある駅でした。

上屋を支える鉄骨は古レール(旧下りホーム)

散策ルート（所要時間 約1時間30分）

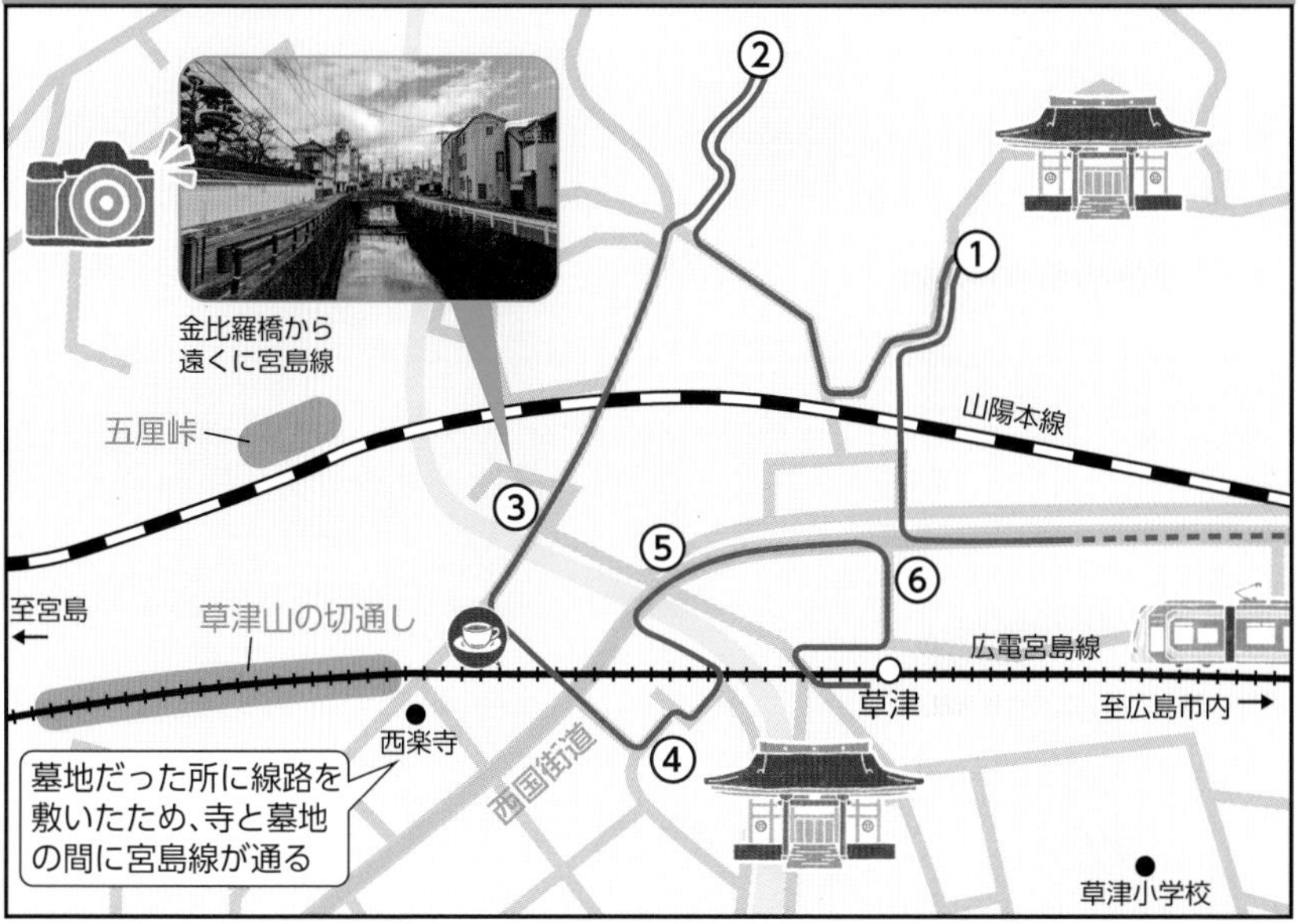

「古江駅」樽ヶ崎宮（25ページ）から
← 徒歩13分
①海蔵寺
← 徒歩6分
②草津八幡宮
← 徒歩10分
③撮影スポット
← 徒歩5分
④浄教寺と臥龍松
← 徒歩2分
⑤小泉本店
← 徒歩1分
⑥慈光寺（草津妙見宮）
← 徒歩1分
草津駅
旧下りホーム上屋に残る古レールや側線跡、上りホームの裏の駐車場は旧駅舎跡地

使われなくなった旧下りホームは現在も残されており、その上屋を支える鉄骨は開業以前の刻印１８９３が読み取れる古レールです。東北本線の前身である日本鉄道で使われていたレールであることが確認できます。

＊1　側線／車両を並び替えたり引き込んだりするための線路

思い出す港町の風景

草津は歴史的な港町として、魅力に溢れています。港は埋め立てで遠くなりましたが、かまぼこを商うお店も多く残っており、フランスでは「SURIMI」として大人気なカニカマも草津で生まれました。

銘酒「御幸《みゆき》」で有名な**小泉本店**も、江戸建築の佇《たたず》まいそのままに駅近くの西国街道沿いにあります。

昔の宮島線は、草津から行商の魚売りが乗り込んでいたらしく、車内は「そりゃあもう臭かった」そうです。

　においの問題は確かに存在していたようで、同じようなエピソードが広島電鉄社内報に開業時の乗務員による座談会として掲載されています(30ページ)。

小泉本店

　近年は見かけなくなりましたが、広島名物の小イワシを手際よく捌《さば》きながら街角で立ち売りする姿は、広島ならではの風物詩でした。カンカン部隊ともいわれ、草津で仕入れた新鮮な魚を、市内各地の馴染み客に届けていました。

　線路のすぐそばにあるかまぼこ店で、「がんす」(魚のすり身に玉ねぎ、唐辛子、にんにくを入れパン粉で揚げた商品)が食べられる坂井屋の先代社長にも、お話をうかがったことがあります。むかし坂井屋は料亭も営んでおり、庭には見事な桜があったそうで、草津小唄にも唄われたとのことでした。その桜が「宮島線の線路を敷くために切られた」と、恨み節を笑いながら話されたのを覚えています。

坂井屋

もっと知ってほしい銘木

　草津駅から御幸川を渡ってすぐの**浄教寺**に、ぜひ一度は訪れていただきたい銘木があります。その名も「**臥龍松**」といいます。東西に伸びた枝はそれぞれ20mほどあり、日本で樹医の第一人者である山野忠彦氏は「全国でも最長級ではないか」と話したそうです。2023(令和5)年3月には、広島市の保存樹に指定されました。宮島線草津駅すぐそばにこれほどの松があることを、もっと知られても良いのではないでしょうか。

　草津は、「初三郎鳥瞰図」でも紹介

されている**草津妙見宮**のほか、**草津八幡宮**や**海蔵寺**など、歴史を感じさせる見どころ満載の町です。鏝絵《こてえ》*2の残る建物もたくさんあります。山陽本線の踏切を超えて海蔵寺につながる道などは、尾道のような錯覚さえ感じます。

*2　鏝絵／左官職人が「こて」を使って建物の壁に施した、漆喰（しっくい）を用いた民俗技術

臥龍松

建物と距離が近い線路

ここまで埋め立て地をまっすぐに進んできた電車も、草津駅から次の草津南駅までは左右に曲がりながら進んでいきます。

車窓から左右を観察すると、お話をうかがった坂井屋のすぐ横を通り、線路に向けて玄関のあるお宅や、寺(西楽寺)と墓地の間を、抜けるように進んでいくのがわかります。この付近は、宮島線の開通以前より町として発展しており、線路を敷設するためには立ち退いてもらわなければなりませんでした。

1922(大正11)年3月4日の『官報』(大蔵省印刷局)には付近の土地収用公告がずらりと掲載されています。きっと坂井屋自慢の桜もここにあったのでしょう。

建物と距離が近い線路

切通しで分けられた山

宮島線は、草津山の切通し[*3]区間を進み、草津南駅に向けて右に曲がります。草津の山には城跡が残されており、中世には重要な役割があったことがわかります。しかし、山陽鉄道と宮島線は、どちらもトンネルではなく切通しを選択し敷設されました。「草津の山は汽車と電車で3つに分けられた」と話す草津の人もいます。

ちなみに、山陽本線の線路沿いに切通し区間を進むと、草津の山を迂回するよりも、東西の通行が短縮できます。その道は「五厘垰（タオ）」といいます。諸説ありそうですが、通るのに5厘（現在でいう100円くらい）を払わなければならなかったのかもしれません。

草津山を切通しで通過する宮島線ですが、そのときに山を崩した土で、草津南駅から先に線路を敷くための埋め立てが行われました。

家々の軒をかすめるように狭いカーブを抜けると草津南駅に到着します。

*3　切通し／山や丘を部分的に切り開いて通した道

PICK UP　においの話

においの話について、1972年の広島電鉄社内報の座談会に、次のような内容が残されています。

◇電車はどんな間隔で走ってたのですか。

二〇分に一回です。乗務して一番困ったのは草津は魚市があって、バケツのまま魚を運ぶので"魚くさい"といった問題がおき、君は地元だから行って話をつけてこいと言われた。当時私は野球してましたので知り合いも多く、草津のNという組合長に話をしたら"そういう問題がおきる思うとった"ということで、貸切電車で、魚もカンカン(ふたつき)で運ばすということで話がついた。

◇鮮魚用の貸切車があったのは………。

開業当時からですね。それに己斐から草津までの輸送は、電車の半分に幕をし、魚屋さんと普通のお客とに分けてました。普通のお客さんものみこんで乗っていましたが、魚クサイということで自腹を切っての香水やクレゾールで嗅いを消していました。

(広電社内報『輪苑』1972年9月号7ページ掲載「～OBを囲んで～　開業当時を聞く」より 一部個人名は伏せています)

この社内報は草津駅開業から50年後のものです。今ではとても考えられませんが、当時の生々しさや人間味が伝わる貴重なエピソードと考え、ご紹介しました。

ちょっと一息

坂井屋

本文でも紹介の老舗かまぼこ店。広島名物「がんす」をどうぞ。午前中は揚げたてが食べられます。

住　　所　広島市西区草津本町6-3
電話番号　082-271-3304
営業時間　9：00～18：00
定 休 日　水・日曜、祝日

草津南駅

■観光名所 梅山で賑わう地域

かつての草津南

草津南駅は、1924(大正13)年4月6日に、宮島線が現在の広電廿日市駅まで延伸開業したときに開業しました。当時の駅名は「荒手駅」です。その後、「中央魚市場前駅」を経て、1979(昭和54)年11月1日から「草津南駅」となりました。

草津南駅に着く直前にある踏切は「**荒手踏切**」です。かつての地名は佐伯郡草津村字荒手や広島市草津町字荒手でしたが、「荒手」という地名は消えてしまい、宮島線に関係する荒手踏切と荒手車庫くらいしか残っていません。

海岸線の駅だった名残

その荒手踏切を越えて、草津南駅に入るあたりから先は、海を埋め立てた区間です。草津南駅ホームの端から西を見ると、線路の山側の住宅は石積みの上に建っています。この石積みが宮島線以前の海岸線です。

海岸線だったことを示す写真をご覧ください。次のページにある写真の男性が立っている場所は、旧荒手駅の下りホームです。ホームの横には砂浜が広がり、「荒手海水浴場」がありました。

また「電車沿線案内」復刻の16ページ上段に扇形に切り抜かれた写真があり、右寄りには電車も写っています(次のページ、赤丸部分)。草津南駅からは、きれいな砂浜のある海岸線沿いに、宮島線が走っていたことがよくわかります。

写真の堤防はずいぶん高そうに見えますが、その最上部はいまでも線

草津南駅ホームの端から西を見る

路の海側に残っていますので、電車からもよく見えます。

幻の側線

車両を並び替えたり引き込んだりするための線路を、側線といいます。「月見が浜」や「荒手海水浴場」ともいわれた浜は、のちに埋め立てられ、魚市場ができました。すると海産物輸送の役割は草津駅からこの駅に

1934（昭和９）年頃、荒手駅（現草津南駅）下りホームに立つ男性。すぐ目の前に海が広がる
（『写真で見る広島あのころ』中国新聞社、1977〈昭和52〉年、61ページ）

荒手海岸
（「電車沿線案内」復刻16ページ）

中央魚市場前駅。海側に側線の架線（黄色丸）と架線柱（赤丸）が見えます（広島電鉄所蔵）

散策ルート（所要時間 約30分）

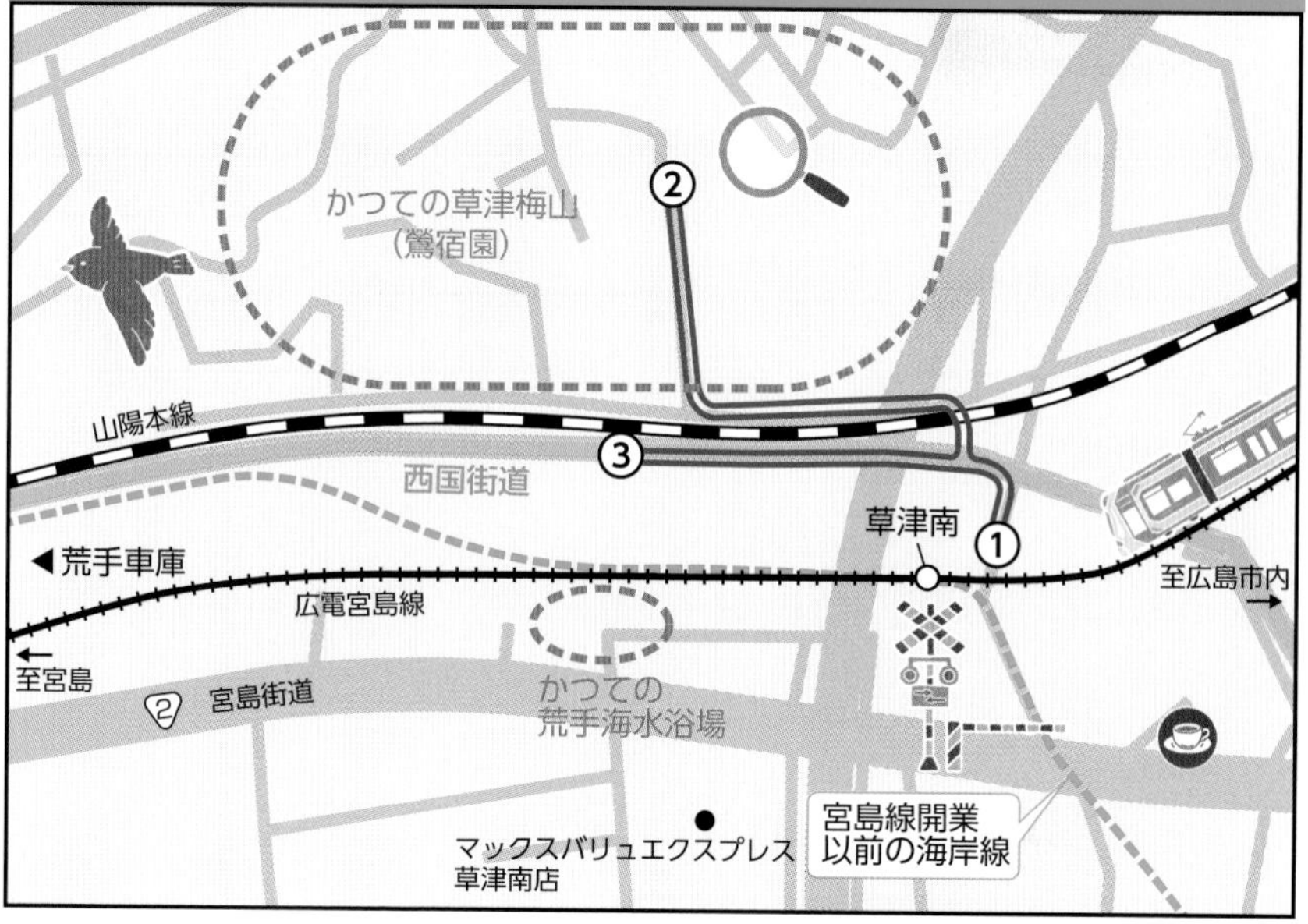

草津南駅

現在の下りホーム
黒板にポスターが貼ってある辺りが荒手駅の男性（32ページ写真）が立っていた所です。左奥に延びる道は昔と変わりません

← 徒歩1分

① 荒手踏切

← 徒歩5分

② 草津梅山の斜面

← 徒歩5分

③ 山陽本線脱線事故現場の跡

← 徒歩10分

草津南駅

移ってきたので、駅の海側にもう1本レールが敷かれ、鮮魚電車や野菜電車が出ていたようです。

　しかし、この役割は道路整備とともに、すぐにトラック輸送に譲ったため、側線は短命だったようです。

名所・草津梅山

　本書の復刻資料にも書かれている通り、付近の名所といえば**草津梅山**です。

「電車沿線案内」15ページには、荒手停留場（荒手駅）より北一町（約109m）前面は広島湾の絶景であり、1834（天保5）年に開園された梅の樹が山全体を覆い、花の咲く時期は内海の景色と相まって素晴らしいと書かれています。梅山からの景色もさることながら、観梅の盛りには海上や遠方からも見事だったのではないでしょうか。

　草津梅山は「鶯宿園《おうしゅくえん》」ともいいます。

草津梅山「鶯宿園」
(1923〈大正12〉年、広島市公文書館所蔵)

あすの日曜は
草津梅山の中國デー
映畵解説者の變裝競爭
景品夥しき福引

大賑わいの草津梅山
(右：記事見出し1928〈昭和3〉年3月3日、左：観梅客の写真 同年3月5日。ともに中国新聞より)

『がんす横丁 第4巻』[1)]には、大正初期にはここが広島人の行楽地であり、茶店や出店があり賑わっていたこと、宮島線がない時代は広島から草津まで観梅に訪れる人が多かった様子などが書かれています。客馬車や人力車もありましたが、早春の暖かさを感じながら歩くのも楽しかったことでしょう。桜より早く咲く梅は、春を待ち焦がれる人々の気持ちを表していたのかもしれませんね。

当時の中国新聞(上の記事・写真)を見ると「映画解説者の變裝競爭《へんそうきょうそう》」とあります。新聞社主催で、梅山を覆い尽くすほどの観梅客の中に、当時映画館ごとにいた人気の活動写真弁士が変装して紛れ込み、発見した人には賞品が提供されるという企画も行われていたようです。いま、梅山の跡地には「草津梅が台」という団地が造成され、梅の文字で昔の様子を示しています。

PICK UP　事故と代行輸送

　1924（大正13）年9月12日に、草津南駅のすぐ山側で、蒸気機関車と炭水車が右側面を下にしながら横倒しに脱線転覆する事故がありました。山陽本線の下関発東京行き上り三等特急列車（のちの特急櫻号）が、豪雨（前日より台風の影響で全国的に豪雨被害発生）により土砂が線路上に流れ出ているところに乗り上げたのです。郵便車や荷物車が大破し、6両目以降は無事だったものの多数の死傷者を出しました。当時の新聞には、付近の住民と消防団や在郷軍人が駆けつけて懸命に救助にあたったと書かれています。

　また、事故の情報が記載された資料[1]には「己斐五日市間は廣島電車を介し旅客の連絡輸送をなしたり」と記載されています。現在でも山陽本線が不通となった場合、JR後払乗車票（振替券）が発行され、宮島線が代行輸送を担っていますが、この事故はその最初の例であったのかもしれません。

　山陽本線の築堤を観察すると、前後は石積みになっているものの、一部だけコンクリートで構築されている箇所が**事故現場**であることを示しています。

山陽本線脱線事故現場（窪田正實所蔵）

事故現場の現在

1）『大正13・14年度 鉄道災害記事』鉄道省、1927（昭和2）年

1）薄田純一郎 編、薄田太郎 著『がんす横丁 第4巻』たくみ出版、1973（昭和48）年

あなたはどっち派？

　草津南駅を発車したら車窓は、海側には線路沿いに堤防跡が見えますし、山側は草津梅山だった山と電車の車庫が見えてきます。どちらを見るか迷いますが、電車好きな私は、車庫を目当てについ山側を見てしまいます。

ちょっと一息

森のべーぐる団

こだわりあるパンやベーグルを堪能！お店に着いた先に素敵なご褒美が待っています。

住　　所　広島市西区草津南２丁目4-7 リッチコンタクト 3F
電話番号　090-6433-0801
営業時間　10：00～18：00
定 休 日　月曜　※不定休

商工センター入口駅

■探索で見つける開業時の宮島線

駅名の変遷

1960（昭和35）年に開業した「井口病院前駅」は、駅名が「荒手車庫前」だった時期もありましたが、1979（昭和54）年11月1日からは「商工センター入口駅」となっています。駅名を変更したころは「商工センターってどの建物ですか？」と尋ねられることも多かったそうです。

その5年前（1974年）にオープンした広島バスセンターのイメージから、「○○センター」となっていると大きな建物があるように思われたのでしょうが、商工センターは埋め立て地一帯の町名です。商工センター1丁目なら草津南駅、6丁目なら井口駅が最寄りなのに、商工センター入口駅で下車してしまうといったこともありました。

車庫を探索しよう

せっかく宮島線を探索する旅にでたのですから、荒手車庫の様子を見に行ってみませんか。

電車を降りたら、荒手構内踏切を渡ってすぐに右に進みます。狭くてちょっと急な坂道です。その坂道を上る前に観察タイム。ここが小さな岬だったことを証明するかのように、**磯の跡**が残っています。

また、坂道と線路を隔てる**白い柵**は宮島線開業時の古いレールでできています。側面をよく見ると、「OUGREE」と刻印が入っているのが読めると思います。これはレールを作ったメーカー名で、ベルギーのウグレー社のことです。1922という刻印から、宮島線が開業した

散策ルート（所要時間 約30分）

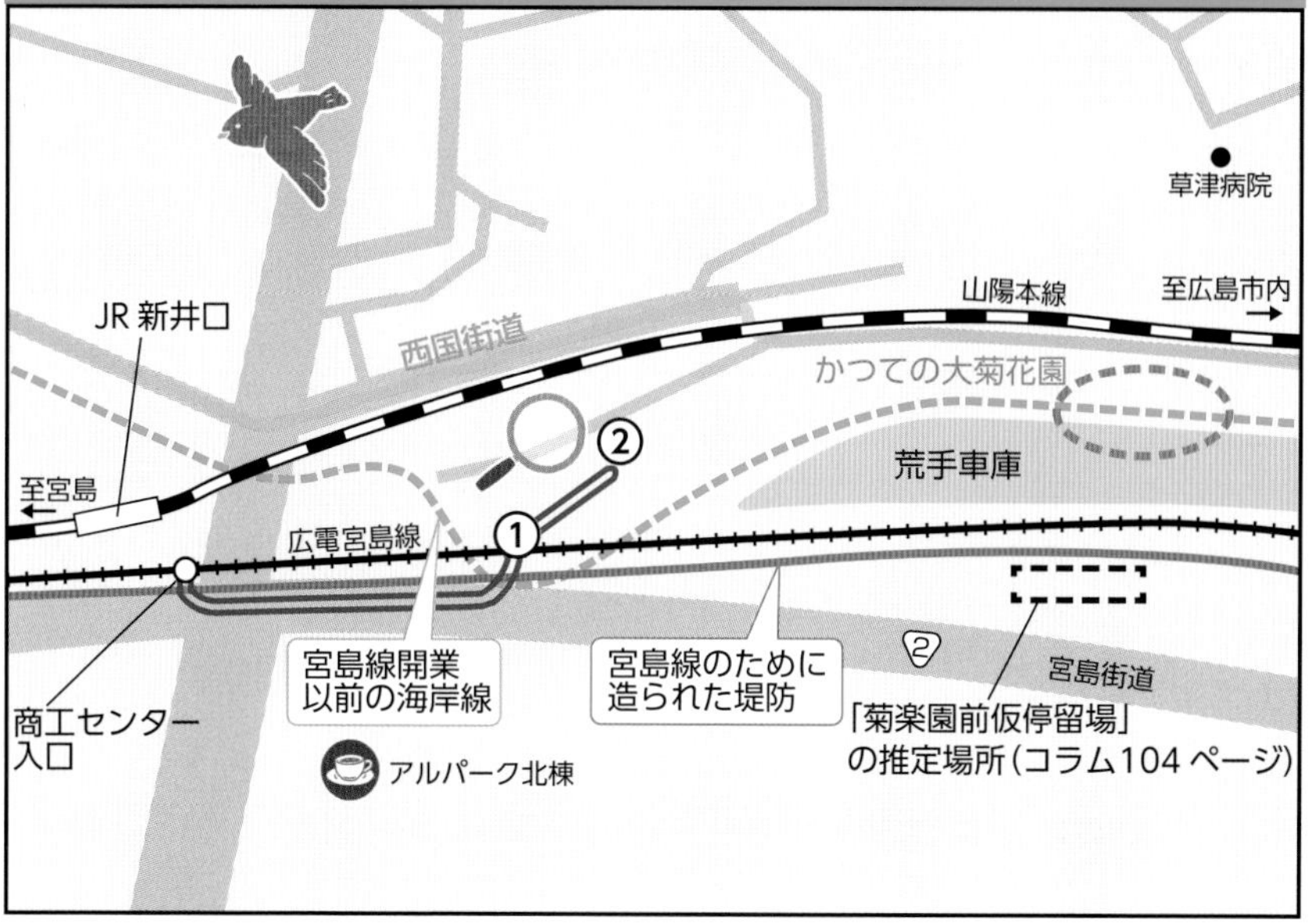

商工センター入口駅

← 徒歩1分

①開業時のレールが使われた白い柵と磯の跡

← 徒歩1分

②一段高くなっているかつての半島部から荒手車庫を望む

← 徒歩5分

商工センター入口駅

宮島線開業時の電車を造ったメーカー（梅鉢）の銘が刻まれている転轍機（荒手車庫内で現役）

1922年のレールだとわかります。レールの裏側には「HGD」という刻印も確認できますが、これは広島瓦《が》斯《す》電《でん》軌《き》（Hiroshima Gas Denki）の頭文字で、レールの発注者を示しています。

はるかベルギーからやってきた開業時の貴重なレールがまだ残っていることに驚かれたかもしれませんが、実は**荒手車庫**や千田車庫[*1]の中では、今でも現役で使用されています。

＊1　千田車庫／広電で1番古い車庫で、最寄り駅は広電本社前電停（宇品線・広島市中区）

宮島線で通ってきた道

　さて、開業時のレールを見たら、そのまま坂を上りましょう。

　道が広くなって、車庫が見渡せます。車庫の大きな建物の左には荒手変電所がありますが、そこにはかつて大菊花園という菊花の美しい場所(詳しくは１０４ページ)がありました。目を奥の山に向けると草津梅山だった山(33ページ)も見えます。風景よりも車庫の電車が気になりますか？　それならあなたも広電マニアの仲間入りですね。

車庫の役割

　宮島線の心臓部ともいえる荒手車庫では、昭和30年代につくられた電車やドイツ生まれの電車から、ハイテク化された最新の電車まで点検整備が行われています。「洗い場」と呼ばれる洗浄線では、洗車機を持たない広電ならではの手洗い洗車が行われ、電車たちが気持ちよさそうにしています。夜間は車庫の入口近くまで電車でいっぱいになり、平日朝のラッシュ時には続々と出庫し空っぽになるなど、電車好きにはなかなか見ものの場所です。

　一方で、運行管理の担当者は、前日の夕方から徐々に運行を終えて入庫してくる電車を、翌朝の出庫順を考えながら入庫させないといけません。まるでパズルを解くように連日頭を悩ませているそうです。ここにも広島ならではのポイントがあり、広島カープの試合が延長戦にもつれ込むとさあ大変！　一度解いたパズルを何度もやり直すそうです。

解体でお別れ

　そんな荒手車庫でも、悲しい瞬間があります。それが、長年頑張って走ってくれた電車の廃車解体シーンです。

　宮島線の開業や廿日市までの延伸開業に合わせて造られた電車の解体写真を見ると、悲しくなる気持ちとは裏腹に、車体部分が木造であることがよくわかります。

　近年でも、新鋭超低床電車が導入されると、旧型車が廃車解体されま

解体中の1013号
木造構造がよくわかります
（写真提供：窪田正實）

す。荒手車庫の一番奥に電車が運ばれると、あの電車もついに解体かと寂しくなる瞬間でもあります。

解体中の1015号。その奥には柱を抜かれた1012号（写真提供：窪田正實）

PICK UP　市内線の古レール

開業時のレールは他にもあります。それは市内線が開業したときのレールです。1912（大正元）年のレール。そんな古いのがまだ残っているの?と思われる方、それがなんと、たくさん残っています。

少しずつ数は減らしていますが、宮島線だけでなく市内線（特に宇品線）にも残っています。きっと普段は何気なく目にしているはず。……そう、電車に不可欠な架線を支える架線柱です。コンクリート製の架線柱が増えてきましたが、ところどころに鋼材で出来た架線柱が建っていますね。宮島線では緑色に塗装されています。

もちろん普通の鋼材の架線柱もありますが、2つの鋼材が組まれたような架線柱は、実は大正元年の市内電車開業時に使われていた段付きレール（ステップレール）です。一般的なレールと違って刻印がないので、レールが国内で作られたものなのか、それとも輸入されたものなのかはわかっていません。太平洋戦争時の金属供出でも生き残り、いまも電車の運行を支えてくれている古レールたちに感謝。

架線柱として今も支える市内線開業時のレール（古江付近、手前右）

ちょっと一息

アルパーク

鉄道ファンには乗り鉄や撮り鉄、そして呑み鉄などさまざまな分野があります。なかでも、廃線跡巡りにおすすめなのが、当駅の近くにあるショッピングセンター「アルパーク」です。2008年5月までここで可愛らしい鉄道が走っていました。ご記憶の方や乗ったよという方もいるかもしれませんね。

今は線路も撤去されていますが、廃線跡めぐりと宮島線めぐりの一休みにいかがですか。

井口駅

■海岸の手がかりが色濃く残る

井口海岸を走る宮島線（1960〈昭和35〉年、広電乗務員アルバムより）

さまざまな〝いのくち〟

1924（大正13）年4月6日開業時の駅名は「井ノ口」でした。

山陽本線と宮島線の共同踏切となっていますが、踏切名は微妙に異なっていて、山陽本線は「井ノ口踏切」、宮島線の電柱に貼られている表示は「井の口踏切」、宮島線の線路脇には「井口踏切」と書かれた標識があります。

単純な表記ミスなのかもしれません。いったい正解はどれなのでしょうね。

斜めだった踏切

現在の井口駅の下りホームは踏切からは少し離れていますが、もともとは踏切のすぐ横にホームがありました。なぜ踏切とホームが離れてしまったのでしょうか。

斜めな踏切（1947〈昭和22〉年撮影、国土地理院の空中写真より）

散策ルート（所要時間 約1時間30分）

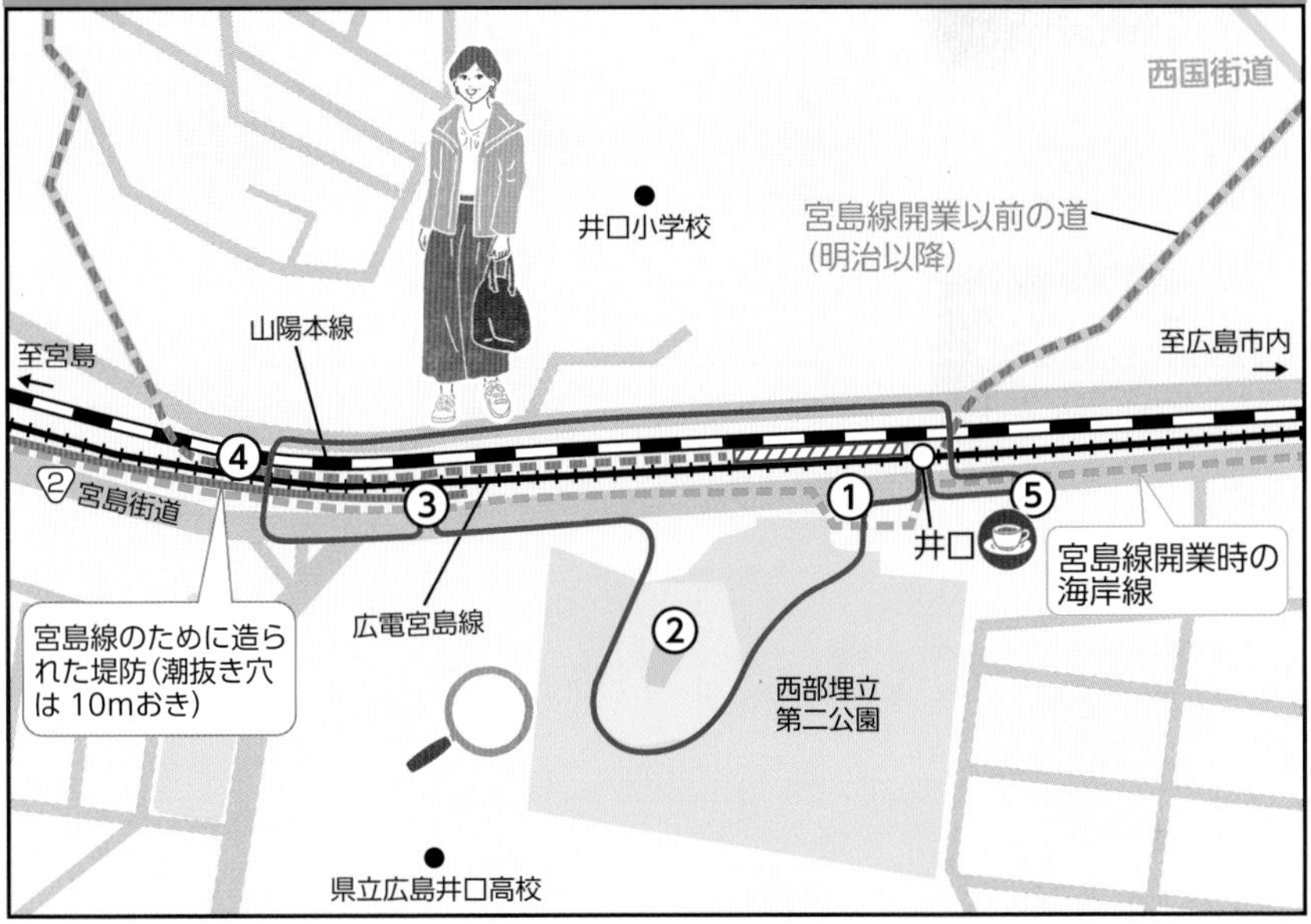

井口駅

← 徒歩1分

①海に下りる雁木
埋め立てで高さは半分が残されています

← 徒歩1分

②男明神島（現小己斐島）

← 徒歩2分

③一本松岩跡
歩道が一段高いです

← 徒歩1分

④歩道橋
井口の交通の要である道路と線路の密度を観察

← 徒歩10分

⑤かつて女明神島があった場所

← 徒歩2分

井口駅
下りホームから上りの線路（マップの▨部分）を見ると、「謎」の石垣が見えます

現在の踏切（2008〈平成20〉年撮影、国土地理院の空中写真より）

実は、移動したのは踏切の方です。1947（昭和22）年撮影の航空写真では、踏切は斜めになっています。**女明神島**《おんなみょうじんじま》という小山があったので、斜めにするしかなかったのです。それを現在の向きに移設したので、踏切は離れてしまいました。

夫婦島／女明神・男明神

　この地域がまだ海端だったころ、小己斐明神が祀られた「女明神島（前述）」「男明神島《おとこみょうじんじま》」と呼ばれた2つの島があり、「夫婦島」として有名でした。

1933年（昭和８）年２月25日の井口駅付近・写真左側に女明神島（宮島観光道路工事に伴い撮影、写真提供：鳥居亘）

　男明神島（現小己斐島《こごいじま》）は、いまも西部埋立第二公園に見ることができます。

　1933（昭和8）年に撮影された井口駅の写る写真の奥には、女明神島が写っています。この写真の撮影後、女明神島は宮島観光道路（宮島街道）の建設のために、残念ながら削り取られてしまいました。

現在の井口駅付近（撮影：来得研治）

　いま、付近をよく観察してみると、それまでは線路と高低差のあった道路が、井口駅周辺では緩やかに盛り上がってきて、線路と道路は同じ高さになっています。きっと道路の舗装を剥《は》がしたら、女明神島の下部がそのまま出てくることでしょう。

　「初三郎鳥瞰図」には、井口の海岸の停留所付近一帯は屈指の景勝地で、老松がそびえ立つ孤島や波に浮かぶ己斐明神の鳥居など、絵のような風景が広がっていると書かれています。

　1970年頃、私は商工センター埋め立て前の風景を宮島線の車中から見た記憶がしっかりと残っており、沿線中屈指の景勝地は紛れもない事実だと思います。

　子ども心に「あの家は庭から魚釣りができるんだろうなぁ」と、小己斐島の前のお宅を羨ましく思っていました。

整備された海岸線

江戸時代まで、井口は西国街道の難所でした。海沿いに道はなく、大潮の日の干潮時にやっと通ることができるくらいで、山を越える険しい道を選ぶしかなかったのです。

　そこで明治になったころ、地域の有力者が力を合わせて海岸線に道を作りました。その後、山陽本線が単線で開通し、宮島線も開通し、山陽本線が複線になり、国道も建設されて、現在の形になりました。

　実は、宮島線は、最初に作られた海岸線の道の上に敷かれています。宮島線と山陽本線の間に、その道であった可能性の高い**謎の石垣**が地中から少しだけ頭を出しています。井口駅の下りホームから、上りの線路の向こう側に見ることができます。

　井口駅下りホームの海側の国道横には、**海に下りるための雁木**も残っています（下半分は地中に埋まっています）。

宮島線（左）と山陽本線の間に一部をのぞかせている謎の石垣（赤丸部分）
（筆者が広電在籍時に撮影）

一本松岩

　せっかく井口で電車を降りたのなら、ぜひ見に行ってほしいところがあります。それは昔の堤防です。線路に沿って西に進むと、井口高校の前あたりから宮島線開業時の堤防がしっかりと残っていて、堤防のちょっ

昭和８年２月25日の一本松岩
写真左側は宮島観光道路埋め立て前、右側は宮島線の線路（写真提供：鳥居亘）

一本松岩があった現在の場所（撮影：来得研治）

と手前の歩道が一段だけ高くなっています。高くなっているということは、その下に何かがあるのです。

広島から井口海岸を西に延びていく山陽鉄道（左）
（『図説広島市史』広島市〈広島市公文書館〉、1989〈平成元〉年、251ページ）

そこにかつては「**一本松岩**」と呼ぶ人もいた、品の良い岩山がありました。もともとは山の一部で、海に突き出た鼻（小さな岬）でした。明治になって道を作るために切り分けられ、山陽本線の敷設でも削られ、さらに宮島線でも削り取られて一本松岩となっていた岩山。ついには宮島観光道路建設のために、完全になくなってしまいました。

恥ずかしながら私は当初、この一本松岩が女明神島だと思っていました。だって山陽鉄道建設時の写真では、それらしく堂々とした島に見えますから。

今も残る宮島線の堤防

さて堤防ですが、潮抜き穴も等間隔に開いているのがわかります。宮島線には、草津南駅から井口駅の先までと、阿品東駅から万円山（82ページ）付近まで、建設時の堤防が残っています。それらは共通して、同じ潮抜き穴が開いています。

余談ですが、昭和20年代後半くらいは、この辺りは台風で何度も波に

堤防に残る潮抜き穴

洗われて宮島線はよく運休していたと、学生のころに電車で通学していた父から聞いたことがあります。堂々と学校を休めたようで、嬉しそうに思い出を語っていました。

交通の要衝を感じられる場所

ぜひ、近くの**歩道橋**に上がってください。市道、山陽本線、宮島線、堤防、国道。一目で見ることができます。それだけこの場所が交通の要衝だということです。商工センター埋め立て前は車窓に海が広がっていたことをご記憶の方も、まだまだ多いですね。

歩道橋から

PICK UP 珍しい共同踏切

踏切名でも触れたように、ここはJR（山陽本線）と広電（宮島線）の共同踏切です。このような踏切を、正式には「兼掌《けんしょう》踏切」といいます。広島に長く住んでいる方で、JRのことを汽車と呼び、広電のことを電車と呼ぶことに心当たりがある方もいると思います。「電車に乗ろう思うたけど、汽車が来て踏切が上がらんかったけぇ乗れんかった」ということが、宮島沿線では当たり前のように起きています。

井口駅の上りホームは共同踏切の中にあり、そういった踏切はほかに、高須駅、修大協創中高前駅、地御前駅にもあります。全国で同じような場所はないか調べたり、鉄道に詳しい友人に尋ねたりしたところ、共同踏切は数あれど、踏切の中にホームがあって乗りたくても乗れないことがあるのは珍しいようです。しかも、それが4か所もあるのは日本では宮島線だけのようです。

踏切の中に上りホーム

ちょっと一息

純手打うどん香房 広島本店

人気の「かしわ天湯だめうどん」や「地鶏親子丼」は必食！

住　　所　広島市西区井口明神２丁目1-19
電話番号　082-276-1388
営業時間　月・水～金曜・祝前
11：15～14：30、17：45～21：00
土・日曜・祝日
11：00～14：30、17：30～20：30
※平日のお昼のみ、小学生未満のお子様連れのお客様は12：45からの入店とさせていただいています
※L.O.は、昼は閉店の15分前、夜は30分前まで（ただし麺切れ次第終了）
定 休 日　火曜、第２・第４月曜の夜

修大協創中高前駅

■山川の景色を橋の上で楽しむ

車窓から路盤を見ると

井口駅から電車に乗って当駅に向かうとき、車窓は山陽本線にご注目ください。といっても電車ではなく線路を支える路盤です。茶色く年季の入った**石積み**が見えてきます。ところどころ下に降りられるように、**スロープ状**になっています。

線路を越えてきた人が、潮干狩りなどで、海に下りていたのでしょうか。宮島線が建設されて下の方は埋められてしまいました。山陽本線がどれくらいの高さの石積みの上に構築されたのか、発掘してみたいけれど場所が場所だけに不可能ですね。

駅の歴史

当駅は1941(昭和16)年に開業した駅です。当初は「実践女学校前駅」でした。この駅は学校の歴史とともに駅名を何度も変えています。「初三郎鳥瞰図」や「電車沿線案内」は1920年代後半の発行なので、この駅のことは書かれていません。

上りホームの西端は、撮り鉄御用達の場所です。

埋め立てに使われた胡子山

山陽本線の**八《や》幡川《はたがわ》橋梁《きょうりょう》**は1897(明治30)年に架けられた橋です。橋の向こうにはマンションがありますが、この地域に住む方はかつてそこにあった製菓会社のキャラメル工場を覚えていますか？　遠足や社会科見学で、多くの小学生が訪れた場所です。

宮島線を代表する撮影スポット
対岸のマンション(中央右)が昔のキャラメル工場跡です

下流には国道の八幡川橋が架かっており、建設時の写真をよく見ると、トロッコのレールのようなものが写真左手(山側、黄色丸)に延びていま

散策ルート（所要時間 約1時間30分）

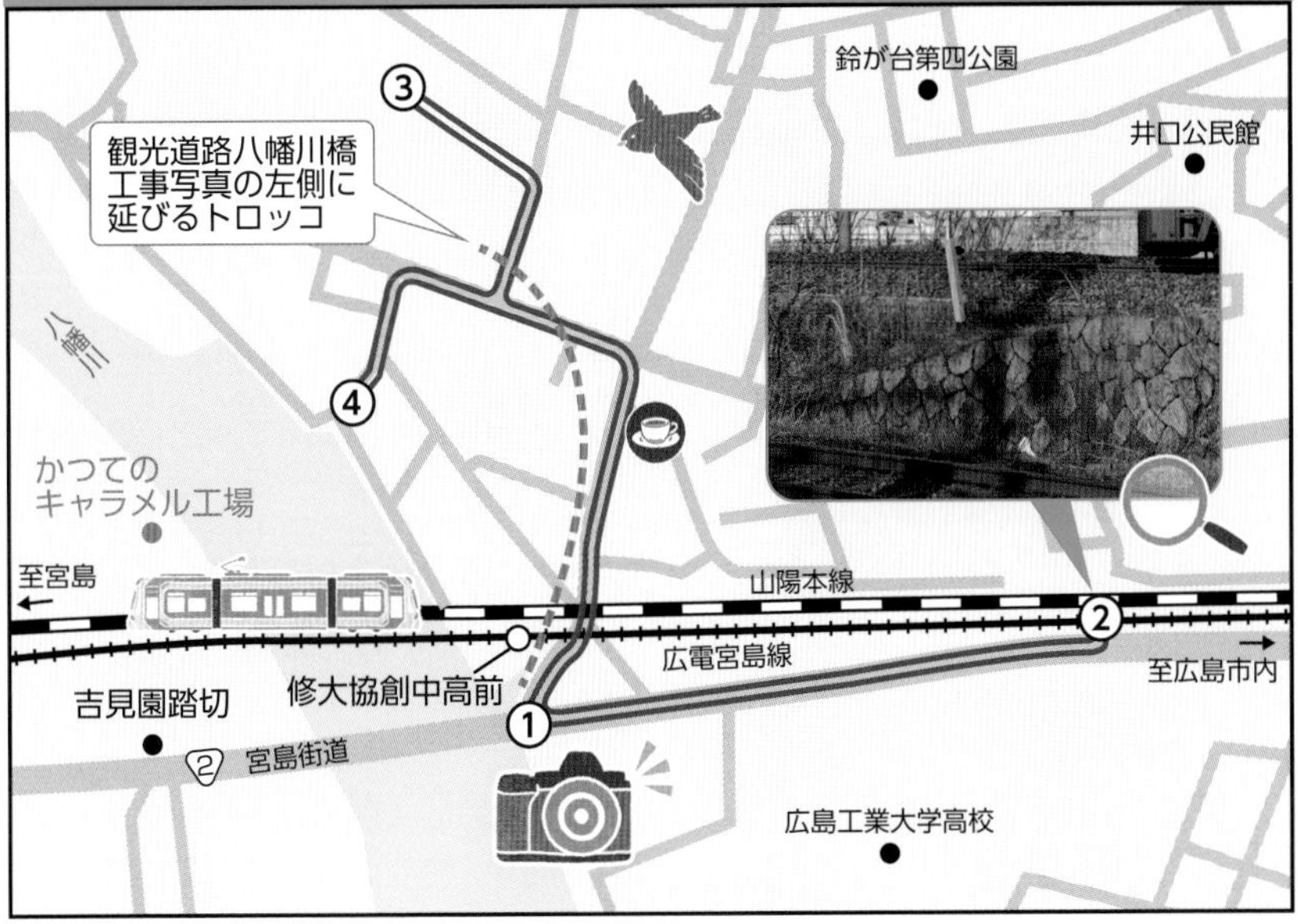

修大協創中高前駅
上りホーム右端は大定番の撮影スポット

← 徒歩1分

①撮影スポット

← 徒歩10分

②山陽本線に残る石積みや海へ下りるスロープ

← 徒歩20分

③修大協創中高（元々は胡子山）

← 徒歩8分

④八幡川橋梁がよく見える河辺

← 徒歩10分

修大協創中高前駅

歩道橋から八幡川橋梁を渡る宮島線
冬に極楽寺山（中央奥）が雪化粧した時も狙い目です

す。これは、海岸を埋め立てて国道を造るための土砂を運んでくるためのトロッコです。土砂は、「**胡子《えびす》山（胡山）**」という山から運ばれてきました。

いまの**広島修道大学ひろしま協創中学校・高等学校**（以下、修大協創中高）の場所にあった胡子山は、削られて低くなり、最初の駅名にもなった広島商業実践女学校（現修大協創中高）が1941（昭和16）年に建てられました。

『全国学校名鑑 昭和25年版』[1]に学校の所在地が「広島県佐伯郡井口村字胡子」と書かれていることからも、胡子山だった場所に学校が建てられたことがわかります。

1）文化研究社編集部 編『全国学校名鑑 昭和25年版』文化研究社、1950（昭和25）年

1933（昭和８）年２月９日八幡川橋工事
遠く（赤丸）に宮島線の電車も見えます
（写真提供：鳥居亘）

歩道橋から東を望む
写真右側の道（宮島街道）は、1933年・八幡川橋工事写真と同じ場所

古レールを探せ！

本書では、たびたび古レールの話が出てきますが、この駅にもあります。上りホームの屋根を観察してみましょう。無骨なレールにお気づきになるでしょう。残念ながら、厚く重ね塗りされた塗装に邪魔されて、刻印は判別できません。

実は、他にも古レールがあります。お気づきの方は、なかなかの観察眼、いや推理力の持ち主です。古レールは、あなたが立っているホームを下から支えている基礎に使われています。電車に気をつけながらホームの下をのぞき込む……のは危ないのでおすすめしませんが、向かいのホームから下の部分を見ると、基礎にレールが使われていることがわかります。刻印を調べたくても、さすがに難しいですね。

向かいホームの下に古レール

上りホームの一部上屋（赤丸）は古レール

八幡川橋梁を渡る宮島線 1979（昭和54）年撮影
（写真提供：窪田正實）

景色を楽しんで

さて、修大協創中高前駅を発車したらどちらを見ますか？　山側には山陽本線の八幡川橋梁。１８９７（明治30）年の橋です。一方の海側は、10月半ばから翌春にかけて八幡川で冬を越す鴨を見ることができます。

電車や貨物列車が轟音《ごうおん》を響かせて橋を渡るとき、鴨は驚いて橋から離れていきますが、中には動じることもなく水中に頭を突っ込んで食事に夢中な鴨もいます。きっと逃げていくのは初越冬の幼鳥で、動じないのは八幡川での越冬経験豊富なベテランさん。その幼鳥もほどなく轟音にも慣れて、護岸でお昼寝する姿も見せてくれるようになります。

ちょっと一息

ファイン デイ

色とりどりのドーナツを前にして時間が止まる。焼き立てのシナモンロールもぜひ！

住　　所	広島市西区井口３丁目10-27
電話番号	082-554-5040
営業時間	10：00～17：00
定 休 日	日・月曜

広電五日市駅

伝説が印象深い　かつての娯楽名地

共同なのに違う踏切名

八幡川を渡った先、広電五日市駅に到着する前に、「**吉見園踏切**」があります。

共同踏切なのですが、山陽本線は「蟹原第2踏切」といい、名称が異なります。同じ踏切ですから同じ名前にすればいいのにと思うかもしれませんが、それぞれ付近の蟹原新開（江戸期の埋め立て地）と吉見新開（明治初期の埋め立て地）から名づけられたので、由緒正しい踏切名ということになります。

ただ、吉見新開を整備して吉見園の開発が始まったのは1934（昭和9）年なので、当初の踏切名に吉見「園」はなかったと思われます。

開業前に予定されていた駅名

当駅は1924（大正13）年の廿日市延伸開業時に開業しました。開業時の駅名は「五日市町駅《いつかいちまちえき》」。駅の場所は現在地より約200m西の**湯蓋《ゆぶた》踏切**の先にありました。

湯蓋踏切は湯蓋新開（江戸期の埋め立て地）にあるのですが、この地域に昔から伝わる「あまんじゃく伝説」（詳しくは53ページ）の登場人物・湯蓋道空の名前に通じています。西隣の「**海老塩浜《かいろうしおはま》踏切**」も海老塩浜新開（江戸期の埋め立て地）に由来します。

その2つの踏切に挟まれるように、駅が計画されたので、当初の駅名は「海老濱」が予定されていましたが、開業の1年前に五日市町への変更申請がなされました（鉄道省 大正10年申請資料）。

大きな駅として開業

当駅は駅舎が大きく、出札窓口や改札口、売店もありました。駅員さんも常駐しており、泊まり勤務だったようです。駅には側線もありました。

ちなみに、宮島線には売店のあった駅がいくつかあります。なかでも、広電五日市駅と広電廿日市駅の売店は、山陽本線との接続駅で乗り換え客も多く、とても賑わっていました。コンビニのない時代、菓子パンやコーヒー牛乳、新聞や雑誌が売れ筋で、特に少年漫画雑誌などは飛ぶように売れていたそうです。

散策ルート（所要時間 約2時間）

五日市駅
← 徒歩5分
①湯蓋踏切
← 徒歩1分
②移設前の広電五日市駅
下りホームの一部が残っています
← 徒歩2分
③海老塩浜踏切
← 徒歩11分
④海老塩浜跡
← 徒歩5分
⑤塩屋神社
近くに湯蓋道空を祀った湯蓋道空社もあります
← 徒歩10分
⑥海老山入口
← 徒歩15分
⑦吉見園踏切
← 徒歩5分
五日市駅

1960（昭和35）年頃の広電五日市駅
左の駅舎内に売店がありました
（宮島線乗務員アルバムより）

娯楽施設の名地

「初三郎鳥瞰図」では、海老公園（現海老山《かいろうやま》公園）について、白波が静かにその足元に迫って、優雅で穏やかな風景が広がっていること、夏の海水浴場として付近屈指の名地であることなどが書かれています。また**海**

五日市海水浴場（「初三郎鳥瞰図」国際日本文化研究センター所蔵より）

老山西麓には海老塩浜の鎮守として祀られている**塩屋神社**があります。

海老山とその周辺は景色が良いだけでなく、夏は海水浴の好適地だったため、海水浴場は海老山を囲むように複数ありました。この当時、それぞれが競い合うように海水浴場に加えて旅館や潮湯なども備える娯楽施設を成していたようです。

開発が進み海は遠くなりましたが、海老山はいまも花見の名所です。

現在地に駅がある理由

山陽本線の五日市駅は、１８９９（明治32）年に山陽鉄道が作った駅です。本当は草津に駅を作りたかった山陽鉄道が地域住民に反対され、少しでも草津に近い場所にと選んだのが、当時の五日市の中心部からはずれた現在地でした。

その25年後に、宮島線が五日市町駅を現在地より２００ｍ西の場所に開業。そこを選んだのは宮島線から山陽本線に乗り換えるのに一番便利だったからです。当時の山陽本線の五日市駅は山側にしか出入口がない構造だったため、乗り換えには踏切を渡る必要がありました。

ようやく１９８７（昭和62）年に自由通路がつくられ、南口の開設と同時に広電五日市駅も今の場所に移設

移設前の広電五日市駅付近
細く延びた下り低床ホームが残っています（黄色丸）

されました。

移設前の下りホーム

宮島線は、市内線との直通電車の運行開始に合わせて、低床ホームが作られましたが(96、102ページ)、その影響で移設前の広電五日市駅では下りの低床ホームが極端に狭くなってしまいました。宮島線建設以前から、周辺は五日市町の中心部として発展しており、すでに民家などがあったため、用地確保に苦労したからです。

何とか作ることができた低床ホームも、人がやっとすれ違えるほどの狭さ。そのうえ、山陽本線との接続駅のため利用者も多く、通勤通学のラッシュ時には人の列が低床ホームを大きくはみ出すこともあったようです。

狭いホームに人がぎっしり
(『五日市町誌 中巻』五日市町誌編集委員会、1979〈昭和54〉年、482ページより)

PICK UP あまんじゃく伝説

五日市に伝わる「あまんじゃく伝説」は次のようなお話です。

むかし湯蓋道空・道裕という親子が海老山の西で暮らしていた。道空さんは信心深く周りからも慕われた人だったが、息子の道裕は父の言うことの逆ばかりを行っていたため、「あまんじゃく」と呼ばれていた。あるとき死期を悟った道空は、自分の墓を親しみ深い海老山にと願ったが、津久根《つくね》島という海にある離れ小島に墓を建ててほしいと言えば、あまんじゃくな道裕はきっと海老山に墓を建てるだろうと考え、津久根島に葬ってほしいと伝えた。ところが、それまで逆らってばかりいた道裕は、最後くらい父親の言うことに従おうと、墓を津久根島に建ててしまい、とうとう最後まであまんじゃくだった。

今でも地元では、親のいうことの反対をする子を「あまんじゃく」と呼ぶことがあるそうです。

「初三郎鳥瞰図」一部抜粋
(国際日本文化研究センター所蔵)

佐伯区役所前駅

■かつて五日市の中心だったエリア

五日市の新たな拠点

1987（昭和62）年、広電五日市駅が山陽本線と直結される形で移設されたのと同時に開業した駅です。

古代五日市の海岸線は、現在の西広島バイパス五日市高架橋よりも北側でしたが、八幡川《やはたがわ》で運ばれてきた土砂が堆積したり、江戸期に段階的に埋め立てられたりするなどして、次第に平野部を拡大してきました。

賑わいの変化と衰退

宮島線は江戸時代初期、1600年代半ばに埋め立てられた土地（海老塩浜新開）を東西に貫くように敷かれています。佐伯区役所前駅に接する踏切は「東古浜踏切」で、コイン通りの中央陸橋近くの踏切は「西古浜1踏切」です。広島電鉄では「ひがしこはま」や「にしこはま」と呼んでいますが、本来は「ふるはま」が正しい[1]ようです。海老塩浜新開が誕生する以前は、ここが海岸線でした。山陽鉄道の意向で、五日市駅は草津にできるだけ近い位置にできましたが（52ページ）、本来ならば佐伯区役所前駅付近の方が町の中心部に近く、好適地であったのかもしれません。

昭和30年代、山陽本線の山側には**「五日市中央連鎖街」**というアーケード街があり、映画館もあるなど賑わっていました。しかし五日市町が広島市佐伯区となり、当駅ができるころには、大型ショッピングセンターの進出などで衰退していきました。五日市中央連鎖街は西国街道にも面しており、付近には明治期の五海市《いつかいち》村役場や被爆時の救護所にもなった**光禅寺**、五日市のいわれになったとも伝わる**五つ神社**があります。

1）五日市民話民俗の会『いつかいちの地名をさぐる』（広島県）五日市民話民俗の会、1982（昭和57）年

採用されなかったルート

余談ですが、宮島線のルート選定の初期には岩戸山（山陽女学園前駅付近の山）の勾配を避けるためか、中央陸橋のある西古浜1踏切付近から海側に曲がり、美《み》の里《り》新開（明治初期の埋め立て地）を通り抜けて廿日市の桜尾山の南を通るルートも検討されていたようです（鉄道院監督

散策ルート（所要時間 約1時間）

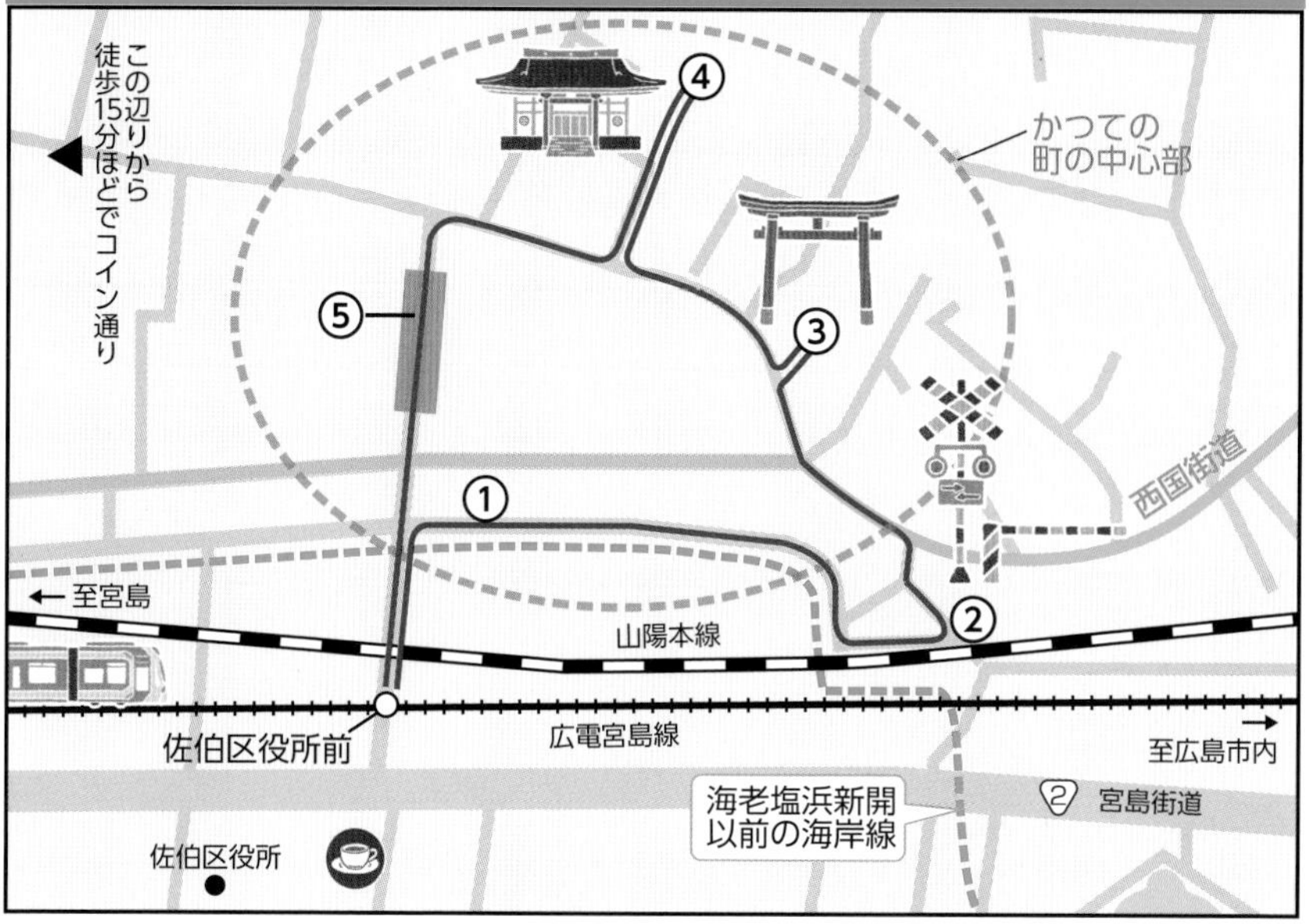

佐伯区役所前駅 ← 徒歩2分 ← ①旧海老塩浜堤防跡 ← 徒歩10分 ← ②海老塩浜踏切 ← 徒歩6分 ← ③五つ神社 ← 徒歩4分 ← ④光禅寺
被爆時の救護所。この近くに五海市村役場がありました ← 徒歩5分 ← ⑤五日市中央連鎖街跡 ← 徒歩6分 ← 佐伯区役所前駅

局 大正8年資料）。そのルートだと、廿日市市役所前（平良《へら》）駅から宮内駅に向かう道中にある串戸トンネルを通らず、藤掛山をも迂回する線形となっていましたが、結局は現ルートを選択しています。宮島観光道路（宮島街道）建設前でもあり、ルートの大半に埋め立てが必要なことから、線路敷設にかかる費用や時間を考慮した結果なのかもしれません。

ちょっと一息

BOSSA

地域に根付くイタリアンのお店。美味しいパスタのランチで幸せになれます。

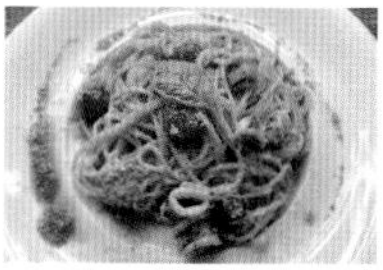

住　所　広島市佐伯区海老園２丁目5-4
電話番号　082-921-0830
営業時間　11：00～L.O.14：00（Close14：30）、18：00～L.O.21：00
※ディナータイムの予約は前日の18：00まで（完全予約制）
定休日　火曜・第２月曜

楽々園駅

■らくらく行けた楽しい空間

多くの利用が期待された場所

「初三郎鳥瞰図」や「電車沿線案内」には、楽々園駅はありません。1924(大正13)年の廿日市延伸開業時、「**隅之浜駅**」が「隅之浜踏切」に接する形で開業しました。開業時の資料によると、隅之浜駅には、出札所や待合所もあると書かれています。いまでも踏切近くに下りホームの一部らしきコンクリート構造物が残っています。

　なぜ隅之浜駅が作られたのかというと、岡の下川に沿って土手道があり、北の八幡方面に進む道と西国街道の分岐箇所でもあり、人の往来が盛んだったからです。

旧隅之浜駅下りホームの一部が残っています

めざせ西の宝塚

江戸期に海老塩浜新開として埋め立てられてから270年近く経っていたものの、塩田と農耕地だけだった土地をさらに盛土して宅地開発し、**楽々園遊園地**まで作って集客を計ったのが、広島瓦斯電軌《がすでんき》(現広島電鉄)です。当時の鉄道会社は、乗客を増やすために郊外に宅地を開発し、娯楽施設を作るなどの手法をよく行っていました。阪急沿線の宝塚がその代表例です。

　西の宝塚をめざしたともいわれる楽々園。そのためには駅が必要で、隅之浜駅は廃止され、開発地の目の前に新しい駅が作られました。

　1928(昭和3)年発行の「初三郎鳥瞰図」に隅之浜駅はありますが、楽々園駅はありません。けれども付近には「遊園地」と書かれています。楽々園遊園地ができたのは1936(昭和11)年。開園の8年も前の「初三郎鳥瞰図」に遊園地を書き込んだのは、かなりのフライングですね。

　実は1933(昭和8)年に別の鳥

散策ルート（所要時間 約2時間）

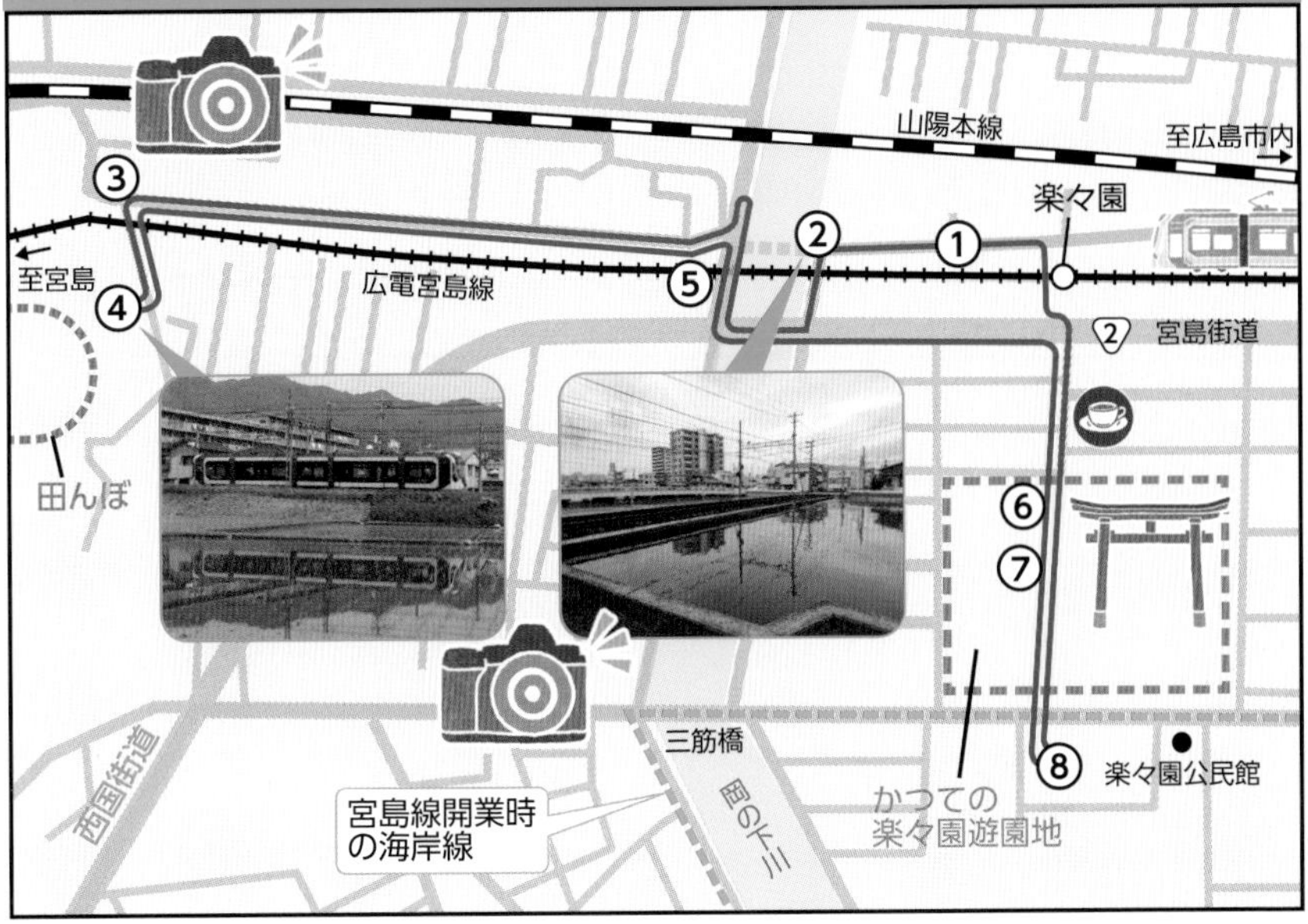

楽々園駅 → 徒歩1分 → ①街道松 → 徒歩1分 → ②撮影スポット 御筋橋跡のモニュメント。水位が高い秋は鉄橋と水面が一体となり水上鉄道に → 徒歩15分 → ③撮影スポット → 徒歩3分 → ④撮影スポット → 徒歩12分 → ⑤旧隅之浜駅跡 → 徒歩10分 → ⑥玉光稲荷神社 → 徒歩1分 → ⑦旧楽々園遊園地 → 徒歩1分 → ⑧楽々園海水浴場があった場所 → 徒歩5分 → 楽々園駅

瞰図が発行されているのですが、それには「瓦電管理地」と書かれています。「初三郎鳥瞰図」を発行した当初の計画では、もっと早く開発が完了するという目論見だったのでしょう。

楽々園にて 1968（昭和43）年4月20日（長船友則提供）

楽々園遊園地駅 1967（昭和42）年7月16日（長船友則提供）

楽々園というネーミング

ところで楽々園というネーミング

について、「電車で楽々行ける遊園地」から楽々園になったというのはよく知られています。

『がんす横丁 第1巻』[1)]にはその名づけ親について、佐伯三郎[*1]という人物が「広島電鉄の倉田、多山氏たちと、共同出資で五日市に楽々園を計画」したとあり、「その企画半ばに病に倒れたが、いまでも同氏が名づけた荒手の『月見ヶ丘』と『楽々園』の名は、広島人の記憶に残っている」と書かれています。

なお、倉田とは倉田信太郎（第5代広島瓦斯電軌社長）、多山とは多山恒次郎（被爆時の広電社長）のことです。

＊1 佐伯三郎／広島に菊人形をもたらし、大菊花園（詳しくは104ページ）で広島初の菊人形を公開した人物

1）薄田純一郎 編、薄田太郎 著『がんす横丁 第1巻』たくみ出版、1973（昭和48）年

ここにもあった側線

意外と忘れ去られているのですが、昭和30年代の一時期、楽々園には側線がありました。場所は、いまの下りホーム裏の駐輪場です。遊園地に加え**海水浴場**も近くにあった当駅は、海水浴シーズンの多客に対応するため、楽々園始発の臨時電車を側線に退避させていたようです。

楽々園側線に入る電車
（広電社内報1961年８月号１ページ）

変わるもの、変わらないもの

1963（昭和38）年に楽々園の海水浴場は埋め立てられてなくなり、遊園地も温浴施設やプラネタリウムなどで集客に努めましたが1971（昭和46）年に閉園し、パットパットゴルフやショッピングモールに変わりました。近年では、郊外の団地と宮島線を結ぶバス路線も広電五日市駅に移りました。しかしこうした変化があっても、楽々園は宮島沿線でも乗降者数の多い重要な駅であることには変わりありません。

一方で、宮島観光の帰りであろう観光客が駅名を告げる車内放送を聞くと、「楽々園ってすごい名前」と反応している姿をよく見ますが、下車されることはほとんどありません。

2024年冬には「Happy Time Garden 楽々園」をコンセプトにしたイオンタウン楽々園がオープン予

定。これを機に、これからの楽々園を観光客にも立ち寄ってもらえる街に変えていこうと、魅力づくりの動きが盛んです。楽々園のこれからに注目です。

跡地に溶け込む神社

遊園地の跡地にできたスーパーマーケットのある敷地内に、**玉光稲荷神社**があります。玉垣を見ると、「昭和10年6月吉日建立」と刻まれていますし、倉田信太郎や多山恒次郎（前述）の名もあることから、楽々園地区の宅地開発や、遊園地と海水浴場の安全と地鎮を祈念して、広島瓦斯電軌により建立されたことがわかります。現在でも広島電鉄により大切に管理されています。

宮島線唯一の田んぼ

楽々園を発車。旧隅之浜駅を横目で見ながら電車は西に進み、中世の山城があった岩戸山を回り込みながら、山陽女学園前駅に向かいます。その直前の海側には、宮島線沿線で唯一の田んぼがあります。

田植えの前後の時期は、背景に極楽寺山を控えた水鏡に映る電車を撮ることができる**撮影スポット**です（散策ルート③、④）。最近では外国人カメラマンの姿も珍しくありません。鉄道趣味は世界共通ですね。

田んぼの山側築堤下から（散策ルート③）

ちょっと一息

楽々園珈琲屋

これはランチ？　いえ、モーニングです。14時までのセレクトモーニングが嬉しい喫茶店。

住　所　広島市佐伯区楽々園4丁目7-1

電話番号　082-943-1223

営業時間　8：00～18：00

定休日　無休

山陽女学園前駅

■宮島線で一番標高の高い駅

学園との結びつき

埋め立て地の多い宮島線のなかで最も標高の高い駅（とはいっても海抜6・6m）が、この山陽女学園前駅です。

1950（昭和25）年の広電社内報（12月号4ページ）には、この年に要望に応えて設置された駅だと書かれています。

昭和25年12月1日

「業務點描」

宮島線山陽女学園前停留場新設

該場所は楽々園と廿日市の間で西広島より九、二五粁にして以前より停留場設置を要望されて居りましたが、今般要望に應え近代的ホームの構築成り、十一月二十三日より実施をみました。同所は廿日市町の官公庁会社学校に近く相当のサービスとなり利用者の便益に貢献すること大である信じます。

山陽女学園前駅開設を伝える
（広電社内報『社報』1950〈昭和25〉年12月号4ページ）

同じく社内報の1982（昭和57）年11月号23ページには、山陽女子高校の生徒さんが交代で駅の清掃活動を行っていることが書かれています。

ホームの清掃ご苦労さま

山陽女子高校の生徒さんたち

宮島電車線「山陽女子大前」停留場ホームを、もう何年も前から人知れず近くの山陽女子高校の生徒さんたちが掃除している、という話を聞き、行ってみました。

一回目は八時半ですんだあと。二回目、八時、今度は成功。聞いていた通り、二人の生徒さんが掃除していました。「全一五クラスのうち、半分の七クラスが、各一クラス二人の厚生委員を出して、交代で二人ずつ毎朝、駅ホームの清掃をしています」と話してくれたのは、その日、

一〇月九日を担当した二年の厚生委員の　さん。向う側ホームは　さん。

「私たちは毎週土曜の受持ちです」

——「掃除はいつから続いているんでしょう?」

　「私が入学したときはもうやっていましたから、その前からだと思います」

"ありがとう"

八時二〇分ごろ掃除終了。ゴミを所定場所へ捨て、道具を片づけてから学校へ。チリ一つないホームが、忙しく乗り降りする人たちの今日一日のステップボードになります。ありがとう、毎日ごくろうさま、とつぶやいていることでしょう。

清掃の終った、　さん(左)と　さん

山陽女子高校生徒さんによるホーム清掃に感謝
（広電社内報『輪苑』1982〈昭和57〉年11月号23ページ）

現在は安全面を考慮し、清掃活動は行われていませんが、地域と学園、宮島線との結びつきを示す活動だったのではないでしょうか。

言うまでもなく、戦前に発行された「電車沿線案内」や「初三郎鳥瞰図」には、当駅の記載がありませんが、歴史ある洞雲寺は、次の広電廿日市駅よりもここからのほうが近いです。洞雲寺は「電車沿線案内」で、陶晴《すえはる》賢《かた》、佐伯興藤《おきふじ》、桂元《もと》澄《ずみ》、毛利元春《もとはる》等諸名士の墳墓ありと紹介されています。戦国大名・毛利元就や厳島合戦に興味をお持ちの方は、ぜひお立ち寄りください。

古レール

山陽女学園前駅にも古レールが残され

散策ルート（所要時間 約1時間）

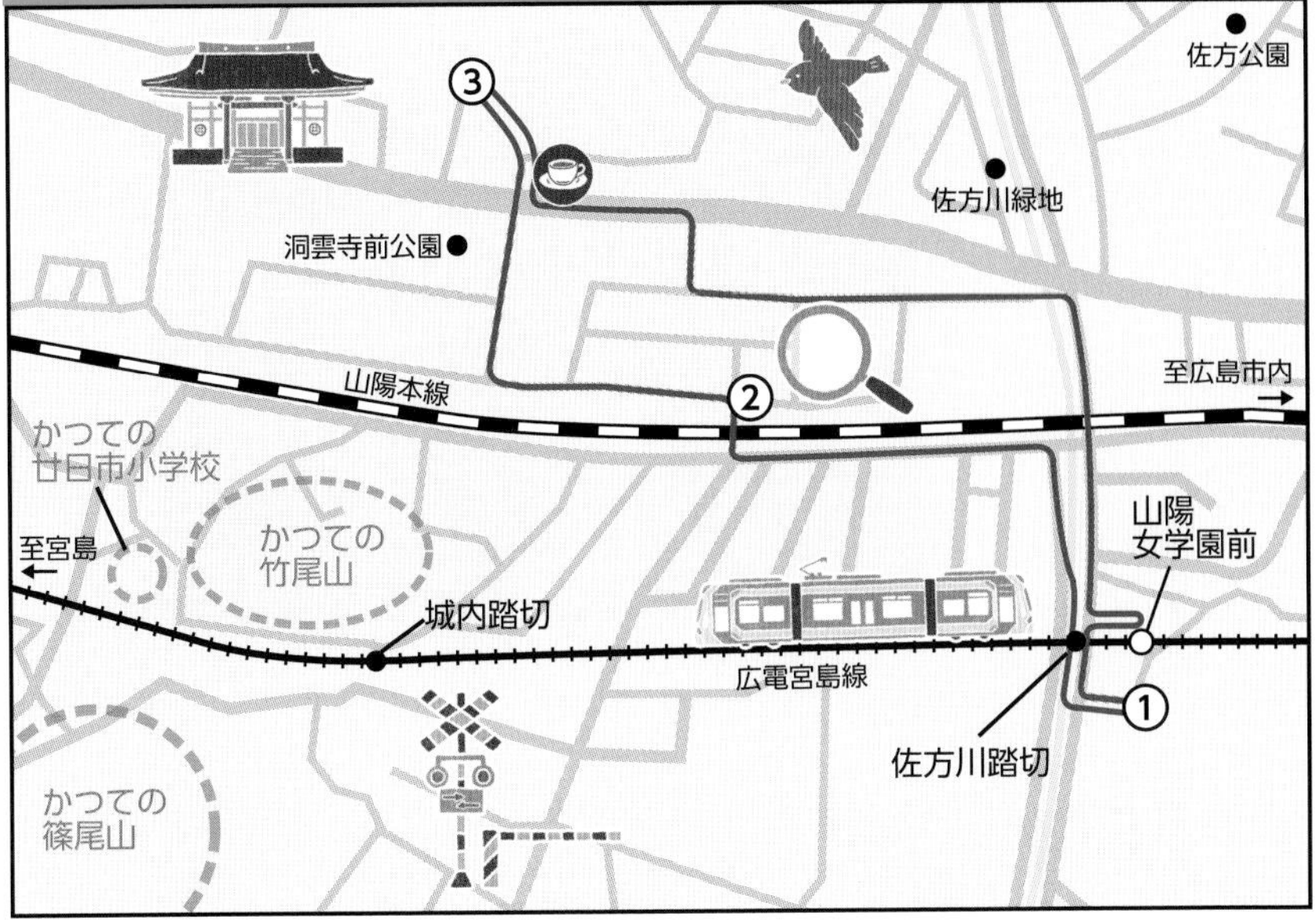

山陽女学園前駅
上りホームを支える古レール観察

← 徒歩2分

①山陽女学園（岩戸尾城址）
全国的にも珍しい無料公開のプラネタリウムがあります

← 徒歩7分

②山陽鉄道時代の石積みが残るガード

← 徒歩5分

③洞雲寺

← 徒歩12分

山陽女学園前駅

ています。この駅は築堤（盛り土した所）に作ったため、ホームは築堤の下から杭を立てて構築されています。その杭が古レールです。

上りホームの裏側の通路に回ると、支えている古レールがよくわかります。重ね塗りされたペンキで判別困難ですが、イギリスのチャー

古レールで支えられているホーム

リーズ＝キャンメル社（CAMMELL）のレールが見つかります。刻印に

縦の白い鉄骨部分によく見ると刻印があります

“TOUGHENED STEEL”（強化鉄）の文字が読み取れることから1890年以前のレールだと思われます。

他にもアメリカのカーネギー製鋼会社（CARNEGIE STEEL Co.）やイリノイ製鋼会社（ILLINOIS STEEL Co.）のレールがあることがわかります。

車窓から読み取って

山陽女学園前駅を発車すると佐方川踏切（旧岩戸踏切）があります。佐方川は1700年（江戸時代）頃に付け替えられており、それ以前はもっと廿日市寄りを流れていました。散策ルート②にある**山陽鉄道時代の石積みが残るガード**は、正式には大割川橋梁といいます。今は暗渠《あんきょ》（地下に埋没した水路）になっていますが、この大割川こそが元々の佐方川ではないかと思われます。

さて、踏切を過ぎると広電廿日市駅に向かって坂道を下っていきます。付近はかなり古い埋め立て地、つまり新開地です。こんなところまで海だったのかと感じつつも、新開地の築堤を下ってきた電車は、右にカーブしていきます。このカーブは左右をよく見ると切通し[*1]になっていることにお気づきでしょうか。廿日市天満宮がある天神山と接する篠尾山《ささおやま》と、その北側に接する竹尾山（獄尾山）の境目を切通しにして線路が敷かれました。

宮島線ができるまではそこに廿日市小学校がありましたが、線路の敷設や校舎の老朽化で、廿日市警察署近くの現在地に移転しています。

＊1　切通し／山や丘を部分的に切り開いて通した道

ちょっと一息

T'z CAFE

洞雲寺近く。ゆったりと過ぎていく時間。お店の雰囲気に包まれながらのほっこりタイム。

住所	廿日市市城内３丁目13-13
電話番号	0829-31-3434
営業時間	9：00～17：00
定休日	毎週火曜

広電廿日市駅

■穏やかに歴史が眠る街

1929（昭和４）年の廿日市駅（広島電鉄所蔵）

解体直前の廿日市駅（2012年）

廿日市の重要な駅

1924（大正13）年の廿日市延伸開業時に「廿日市町駅《はつかいちまちえき》」として誕生。2024年4月に開業100年を迎えました。当初は「天神下駅」となる予定でしたが、開業の3年前に駅名変更の申請が行われています。

2012（平成24）年に惜しまれつつ解体された旧木造駅舎には、待合室や売店、切符売り場や改札口に加えて、駅員が常駐するための仮眠施設や風呂、台所があり、本格的な駅舎でした。

駅の山側には側線もあり、草津の市場から運ばれた魚や野菜の荷下ろしが行われていたようです。

パラダイス温泉

「電車沿線案内」には、廿日市近郊の名所がいくつも紹介されていますが、ここで注目するのは「パラダイス温泉」です。復刻26ページには、周辺地域では唯一の温泉場として知られており、付近に大きなグラウンドがあると書かれています。

『廿日市の文化第5集』[1)]には、

1925（大正14）年発行「廿日市町基本調査」地勢の中の記載を紹介する形で、住吉浜の項目に、「元、其の東方に桜尾館及び桜湯あり、養魚場を設け、海水浴場を備え、夏季特に浴客多かりしが、惜しむべし。現在は、昔の姿を止めず。されど、大正十四年一月より、この地に洋風建築の廿日市パラダイスを開場して、湯・和洋料理・プールを経営し、多数の客を吸収しつつあるは心強し」と記載されています。

　パラダイス温泉の以前には、桜尾館や桜湯があって賑わっていましたが、大正5年に閉鎖されました。そこに大正14年、パラダイス温泉が開業し、賑わいを取り戻した様子が伝わります。もしかすると、宮島線でやってくる人々を目当てにしていたのかもしれませんね。

1）廿日市町郷土文化研究会 編『廿日市の文化 第5集』廿日市町郷土文化研究会、1965（昭和40）年

エリアの名残がある踏切名

　さて、ここでも踏切名から、さまざまなことがわかります。駅の東側にあるのは「城内《じょうない》踏切」ですが、これは篠《ささ》尾《お》山《やま》にあった篠尾城に由来します。

　一方、駅の西側の踏切は「**平良踏切**」です。お隣の駅名にも使われている「平良」ですが、踏切は旧佐伯郡平良村にあるため平良踏切となりました。昔の廿日市村は意外と狭いエリアだったようで、東の佐方村と西の平良村に挟まれていました。

　その平良踏切の海側に建つ商店や鮮魚店が入る建物は、1943（昭和18）年に広島電鉄に経営統合されるまで運行していた**マキノバスの待合所**でした。同じく踏切の山側には、**廿日市変電所**があります。現在の変電所は2008（平成20）年3月に完成しましたが、それまでは宮島線開業時の変電所（レンガ造り）から送電されていました（95ページ写真）。

　廿日市を発車した電車は、左右に蛇行しながら進むことになります。それは、大正時代の廿日市がすでに発展し、神社仏閣や民家も多く、立ち退きが容易ではなかったためだと思われます。

線路と道と川の奇妙な3層構造

　平良踏切を越えて右に進むと「**弘法踏切**」、そして山陽本線に接近する辺りに「**柳庵踏切**」と続きますが、それぞれ付近を流れる弘法川と柳庵川から名づけられました。

　注目したいのは柳庵踏切のすぐ隣にある山陽本線のガード（道路の上にまたがる鉄橋）です。

　山陽本線は、1897（明治30）年に開通。ガード下の壁面を観察すると、中央部を境に、山側が石積みで、海側がコンクリート構造になってい

散策ルート（所要時間 約2時間）

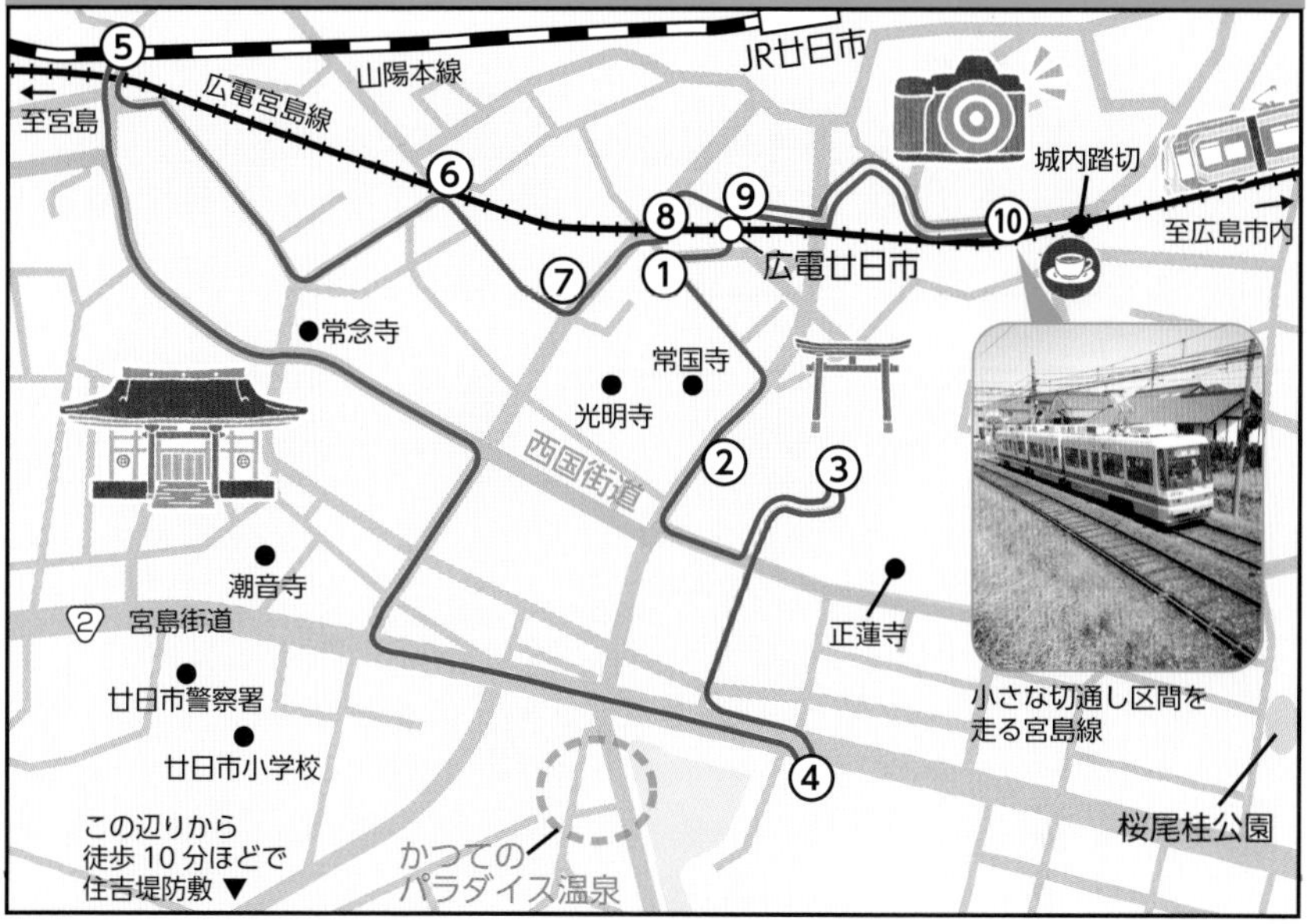

広電廿日市駅

← 徒歩3分

①旧マキノバス待合所

宮島線よりも古い建物。近くにはけん玉ショップがあり、けん玉発祥の聖地なので凄腕プレイヤーに会えるかも

左：昭和12、13年頃のマキノバス（廿日市市教育委員会）、右：現存

← 徒歩2分

②蓮教寺

境内にあるソテツは廿日市市の天然記念物

← 徒歩10分

③廿日市天満宮

あの山本浩二が学生時代にここで足腰を鍛えたかも？ 眺めも良いです

← 徒歩5分

④蒸留所 SAKURAO DISTILLERY

← 徒歩15分

⑤柳庵踏切

近くの山陽本線ガードにご注目

← 徒歩5分

⑥弘法踏切

← 徒歩10分

道中⑦はちょっと懐かしい駅前商店街

⑧平良踏切

← 徒歩1分

⑨広電廿日市変電所

旧側線跡に建っています

← 徒歩5分

⑩撮影スポット

← 徒歩5分

広電廿日市駅

ます。1925(大正14)年の複線化工事では、下り線路が新たに作られたので、海側のコンクリートの部分は複線化に伴い下り線路を作ったときのものとなります。このような構造は、山陽本線沿線各所に見ることができます。

　さらにここのガードで注目してほしいのは足元です。柳庵川が暗渠《あんきょ》(地下に埋没した水路)となって流れています。つまり線路の下に道があり、さらにその下に柳庵川が流れている3層構造となっているのです。このような構造は珍しいのではないでしょうか。

　地元の方にうかがうと、戦後しばらくまではウナギも獲れるほど川の流れは清らかで、その脇に人がやっと通れるほどの通路があったそうです。あらためてガードを観察してみると「柳庵川橋梁」と記されているのが見えました。このような観察も沿線探索の楽しみでもあります。

柳庵ガード下。山側(赤丸)が石積みで海側(黄色四角)がコンクリート構造

散策におすすめ

廿日市は、**廿日市天満宮**や昭和レトロな**駅前商店街**、桜尾桂公園(桜尾城址)や桜並木の住吉堤防敷など、街歩きにピッタリ。お酒が好きな方は、桜尾ジンで有名な施設「**SAKURAO DISTILLERY**」で蒸溜所の見学や試飲も楽しめます。そして世界に誇るけん玉の聖地でもあります。沿線探索に廿日市は外せませんよ。

廿日市けん玉ワールドカップ

ちょっと一息

Café&Gallery **柿尾坂**

古民家と蔵を改装した、ギャラリー併設のカフェ。すぐ横を駆け抜ける宮島線の音が最高のBGM。

住　所　廿日市市天神1-3
電話番号　0829-31-0359
営業時間　9：30～18：00(L.O.17：30)
定休日　月～水曜

廿日市市役所前(平良)駅

■トンネルと橋から紐解く道の変遷

比較的新しい駅

柳庵踏切を越えて、イチョウのある**福佐売神社**の裏を通り、可愛川を渡ると、廿日市市役所前(平良《へら》)駅に到着です。

当駅は1984(昭和59)年に、「平良駅」として開業した駅です。広電廿日市～地御前駅間は、廿日市延伸開業の1年3か月後の1925(大正14)年に開業しましたが、その後59年間、当地に駅はなく、電車は走り抜けるだけでした。

当然ながら、復刻資料には一切の記述がありません。ここでは特徴的な2か所を紹介します。

串戸トンネル

宮島線唯一のトンネルである**串戸《くしど》トンネル**は、「電車沿線案内」には「新宮山隧道」と表記されています(復刻26ページ)。隧道《すいどう》とはトンネルを指します。

トンネルのすぐ横に新宮神社があるので「新宮山隧道」と表記したのでしょうが、串戸トンネルが貫いているのは新宮山ではなく藤掛山です。54ページにも書いている通り、初期のルートは現在の線路よりも南側を通る予定だったようで、藤掛山を避けて串戸交差点付近を進むルートを選んでいたようです。

その後、藤掛山を横切る現ルートに変更されたわけですが、大正14年1月の鉄道省資料には、宮島線の工事方法変更として、隧道の新設が申請されています。それに対し、断面構造や電線の取り付け方法についての指摘も受けています。つまり、当初はトンネルではなく、藤掛山を削っての切通しだったということになります。

申請書にはトンネルに変更した理由も記載されており、「経済上ノ點及用地買収の関係上」とあることから、経済面、用地買収の点で、切通しよりもトンネルのほうが作業を進めやすかったことがわかります。

当駅を出た電車は、トンネルの手前で右にカーブし、トンネル内で左にカーブ。トンネルを出て串戸踏切の先で右にカーブし、宮内駅直前で左にカーブします。

このような線形になったのは用地確保の都合からだと思われます。トンネルの断面構造への指摘などから推測すると、切通しとして計画されていたときは、もう少し直線的だったのではないでしょうか。

大之木水路跨線橋

宮島線ではなく山陽本線に架かっている**大之木水路跨線橋《こせんきょう》**も、紹介したい場所の1つです。

送水管を渡す水路橋や跨線橋は全国各地にありますが、その2つが一体となったうえに人も通れる水路橋、つまり水路跨線橋は、全国的にも珍しいです。

宮島線はトンネルで藤掛山を横断する一方、山陽本線は切通しを選択したため、藤掛山は広く深く掘り下げられました。そのときに出た土は、西に進む線路の敷設や埋め立てに使われたようです。

しかし、深く掘り下げられたため、農地にとって大切な水路であった新宮川が遮断されることになりました。そこで水路橋を架けることになるのですが、新宮川だけでなく、人々の往来に使われていた道も確保しなければならないので、水路の上を通行できる構造の跨線橋、つまり水路跨線橋が造られたのです。

この珍しい水路跨線橋は生活道なので、人々は気に留めることもなく通行しています。全国的にも数少ない貴重な存在であるため、地域の文化資産としての評価があってよいのではないでしょうか。

大之木水路跨線橋

PICK UP 交通安全

速谷神社は、交通安全祈願の神社として知られており、当駅の北西、歩いて30～40分くらいのところにあります。広島電鉄も、毎年1月には速谷神社に参拝し「新年無事故祈願祭」を行っています。

新年無事故祈願祭では広島電鉄の社長に続いて、電車やバスの乗務員代表も玉串奉奠《たまぐしほうてん》を行い、バスや社用車のお祓いも受けます。

ちょっと一息

タルタニ餅店

嚴島神社にも奉納しているお餅は、昔ながらの杵つき。あん餅やおはぎ、そしてお赤飯も老舗の味わい。

住所　廿日市市新宮1丁目1-24
電話番号　0829-32-4782
営業時間　9：00～18：00
定休日　日曜

散策ルート（所要時間 約2時間）

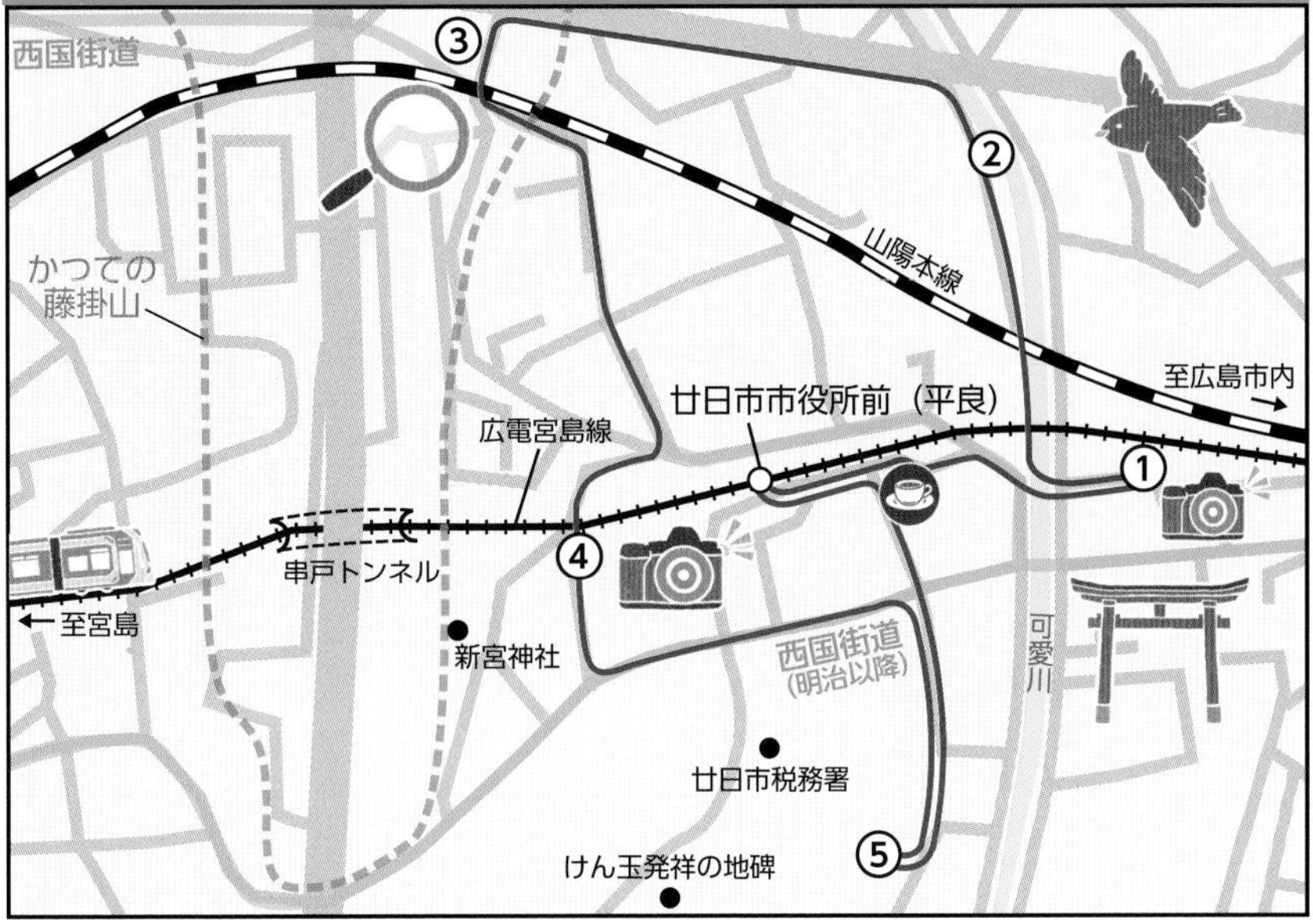

廿日市市役所前（平良）駅

← 徒歩12分

① 福佐売神社と撮影スポット

← 徒歩3分

② 可愛川公園

桜の名所です

← 徒歩8分

③ 大之木水路跨線橋

← 徒歩10分

④ 串戸トンネルと撮影スポット

新宮踏切からトンネルがよく見えます

← 徒歩3分

⑤ 新宮中央公園

通称、けん玉公園

← 徒歩2分

廿日市市役所前（平良）駅

串戸トンネル

福佐売神社のイチョウと宮島線

宮内駅・JA広島病院前駅

地域の日常を支える駅

宮内駅が現在地にある経緯

廿日市から地御前まで線路を延ばした1925（大正14）年に、宮内駅も開業しました。当初の申請では「串戸駅《くしど》」となる予定でしたが、開業前に駅名変更が申請されています。

宮内駅は当初、藤掛山に掘られた串戸トンネルのすぐ西側にありました。なぜそこに駅を作ったのか理由は定かではありませんが、近くに**廣田神社**がある藤掛山の辺りに、乗客となりそうな住民が多く暮らしていたことが理由ではないかと思われます。トンネルと御手洗川《みたらいがわ》の間はすべて1700年代以降の新開地（埋め立て地）で、そのほとんどが水田でした。

1945（昭和20）年春に、地御前の扇新開（JA広島病院正面の埋め立て地）にあった旭兵器工場への通勤者の便を図るためとして、現在地へ移転となりました。

旧宮内駅（廿日市市教育委員会）

かつての見所

「電車沿線案内」復刻26ページには「古戦場」の項目があり、新宮山隧道（現串戸トンネル）を超えた宮内停留場（現宮内駅）から近くに見える山の周りは、田んぼも原っぱも歴史上有名な古戦場だということが書かれています。

最も新しい駅

JA広島病院前駅は1998（平成10）年に開業した、宮島線で最も新しい駅です。欧米では病院や大学の構内に路面電車の電停を設けることが多いのですが、その利便性を証明する駅でもあります。開業以降「便利になった」との声をよく聞きます。

散策ルート（所要時間 約1時間30分）

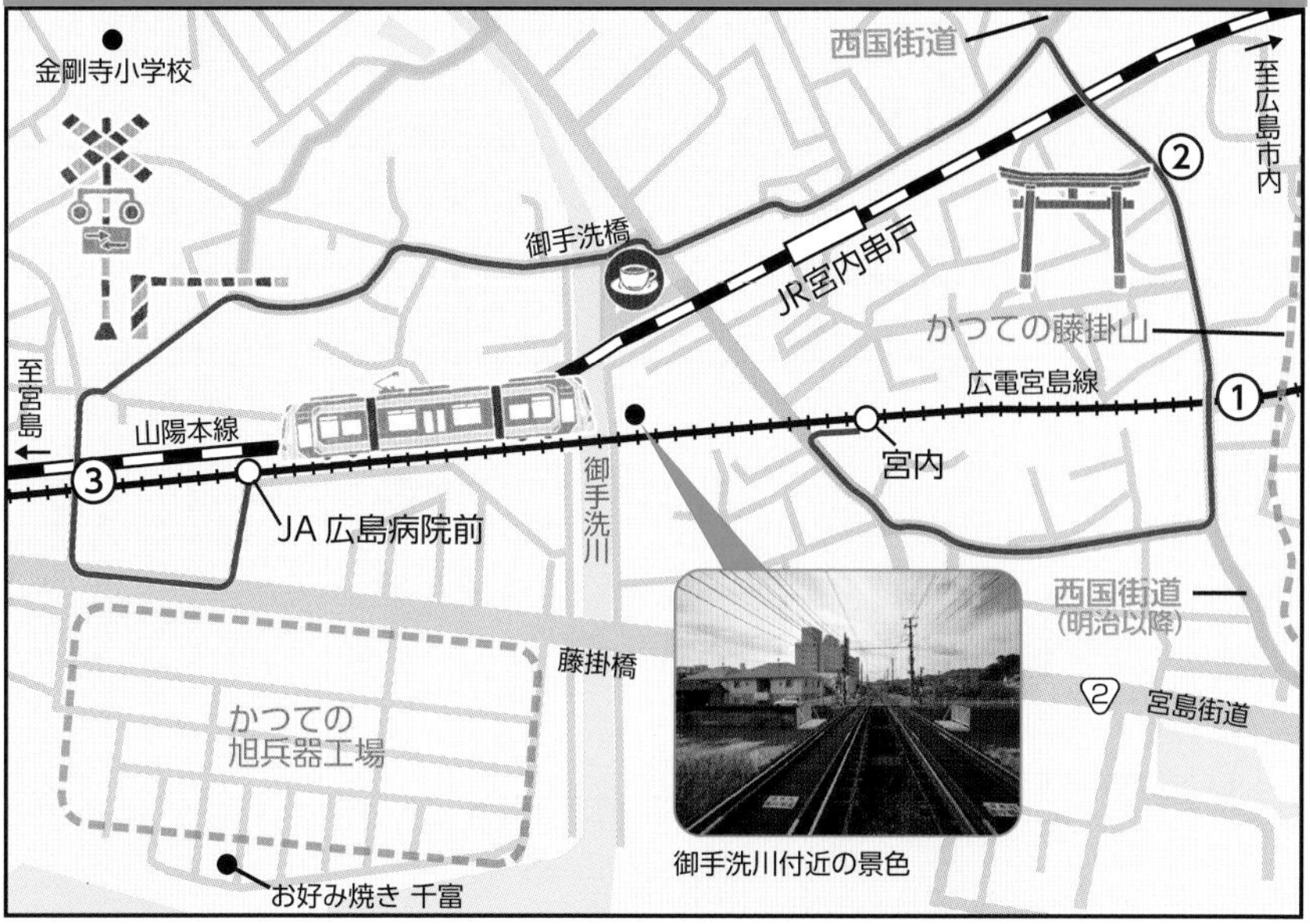

宮内駅 ← 徒歩10分 ← ①旧宮内駅があった場所

トンネル右側には藤掛山の西尾公園への道がありました

← 徒歩7分 ← ②廣田神社 ← 徒歩30分 ← ③今市川踏切 ← 徒歩6分 ← JA広島病院前駅

病院と公共交通機関が結びつくことは、何よりも地域の安心につながるのではないでしょうか。

駅の西には、山陽本線との共同踏切があります。ここも吉見園踏切（50ページ）と同様に、山陽本線と宮島線で踏切名が異なります。山陽本線は「扇新開第2踏切」で、宮島線は「**今市川踏切**」です。今市川は、暗渠《あんきょ》（地下に埋没した水路）となって踏切の真下を流れています。

ちょっと一息

かわもと珈琲舎

生豆から丁寧に選ばれた一粒一粒を、焙煎。浅煎り、深煎り。味わうのはコーヒーと気さくなオーナーとの会話。

住　所	廿日市市串戸4丁目15-14
電話番号	0829-31-1392
営業時間	9：00～19：00
定休日	日曜

地御前駅

■保養施設などで賑わった地御前神社

地御前神社近くの仮の駅

廿日市まで開通していた宮島線は、さらに西へと工事を進めていきました。

1925(大正14)年7月15日に地御前まで開通し、同時に広島瓦斯電軌は宮島への航路も開設しました。

その桟橋は、駅から約1km離れた火立岩(現阿品東駅の約300m東)付近にありました。そしてちょうど1年後の1926(大正15)年7月15日には、新宮島駅まで線路を延ばしていきます。

この1年間だけ、**地御前神社**近くに駅がありました。**仮の終点**として設けられたようで、地御前海水浴場や宮島への連絡航路に少しでも近づけるために設置されたことになっています。

新宮島駅へと線路を延ばすまで、仮の終点から連絡船の桟橋までは徒歩で移動していたようです。

仮の駅が本来の地御前駅？

ところが本書執筆のために当時の鉄道省申請資料を調べていたら、これまでの考えとは食い違う資料に出合いました。

そこには、仮の終点として作られ、たった1年で消えた駅こそが本来の地御前駅だと書かれており、さらに、現在の地御前駅は地域の要望で一時的に設置したものの、こちらの方が利用者に定着したので、本来の地御前だった方を廃止することにしたという内容が読み取れるのです。[1]

考えてみたら、今の地御前駅はカーブで見通しも悪く、ホームも狭いので、山陽本線にも挟まれて駅を設置するには不向きな場所にも思えます。

資料に添えられた図面を見ると、廃止された駅には側線や駅舎も描かれています。やはり仮に設けられ、1年で廃止された駅こそが、本来の

停車場廃止申請書
図面には折り返すための渡り線や側線とホーム、駅舎を示す「本家」、そしてWCも書かれています
(大正15年4月30日に広島瓦斯電軌が鉄道省に廃止申請した申請書より)

散策ルート（所要時間 約2時間）

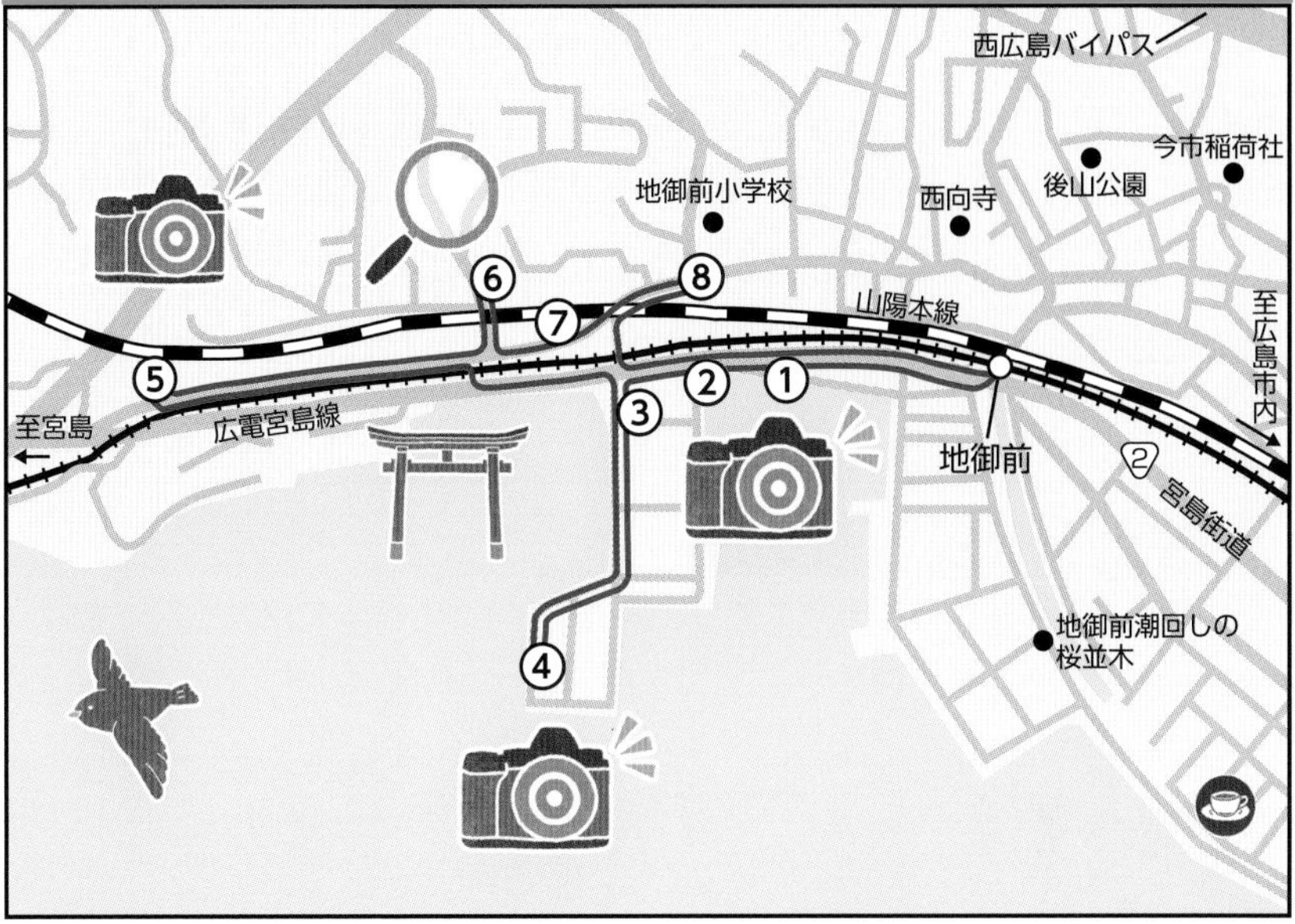

地御前駅

← 徒歩2分

①仮の終点だった場所

← 徒歩1分

②撮影スポット

← 徒歩1分

③地御前海岸仮停車場の跡

← 徒歩12分

④撮影スポット
海側から宮島線を撮影できる貴重なスポット

← 徒歩30分

⑤撮影スポット
背景に極楽寺山。直線を望遠レンズで狙うもよし

← 徒歩10分

⑥山陽本線架道橋

← 徒歩1分

⑦地御前神社

← 徒歩1分

⑧釈迦堂（広島県最大の木造仏）

← 徒歩10分

地御前駅

手前には地御前海岸仮停車場跡、背景には極楽寺山

地御前海岸仮停車場（左：黄色丸部分が遺構、右：広電社内報『輪苑』1959年８月号１ページより）

地御前駅だったのではないかと私は思っています。

なお、廃止と同時に地御前神社前には「**地御前海岸仮停車場**」が作られ、海水浴客の利便は守られました。その仮停車場の跡は、いまも地御前神社の前に見ることができます。

1）原文では、「大正十四年四月一般交通ノ關係上地方の希望ニ基キ七哩五十六鎖ニ地御前停留場ヲ新設シタル結果現在設計ノ地御前停車場（七哩七十二鎖八十節）ハ其距離僅二十六鎖八十節ニ過ギザルヲ以テ設置ノ必要ヲ認メザルニ至リシテニ依リ之ヲ癈止セントス」と書かれています（廃止申請資料、1926〈大正15〉年5月）

100年前の広告

地御前神社のまわりは、海水浴場のほか、宮島線の開通にあわせて保養施設が開業しました。

客馬車と比べ高速大量輸送機関である電車の開通は、都心部への移動の便だけでなく、都心部からの観光客誘致の側面も期待されました。それを示すかのように「電車沿線案内」には、地御前の「地宮舘」や「中井石風呂」という施設の広告が掲載されています（復刻 広告2ページ上段）。当時の地御前の賑わいを想像させてくれます。

ガード下からわかること

広電廿日市駅で、「柳庵踏切」の隣にある、山陽本線単線時代のガード下の壁面について書きましたが（64ページ）、地御前神社の西にも同様の**ガード（架道橋）**があります。

けれども、単線時代の痕跡（石積み）の位置が、山側にある柳庵踏切の隣のガード下とは違い、この付近では海側にあります。

それは地御前神社があるため線路用地の確保ができず、単線の海側ではなく山側に線路を敷かなければならなかったからです。

右の写真でもわかるように、海側である手前(丸部分)が単線時代の石積みで、山側である奥(四角部分)が複線にするために新たに作られたコンクリート構造となります。

宮島線最大の輸送イベント

話は変わりますが、イベントなど宮島線がフル稼働で運行するのは、どんな時かわかりますか。正月輸送や宮島の花火大会は臨時列車を大増発しますが、近年は正月も分散傾向になったのに加え、花火大会も以前のような規模ではなくなりました。

振り返ると、開業100周年を迎えるかつての宮島線では、文句なしの「コレっ」がありました。それが、厳島神社と地御前神社を結ぶ平安時代からの伝統行事、管絃祭です。小規模になった現在の管絃祭からは想像もできませんが、それはもう大忙しだったようです。

1988(昭和63)年広電社内報『輪苑』7月号36ページによると、昭和40年頃の管絃祭輸送では、参拝者も日中から多く、宮島線は夕刻から5分間隔で運行し、宮島線の最終電

管絃祭の様子
(広電社内報『輪苑』1990〈平成2〉年7月号表紙より)

車も午前1時まで延長。直通電車の終便は広島駅発宮島口行が23時58分発で、宮島口発広島駅行が23時33分発と大幅に延長し、全員輸送体制で取り組んだものの、各列車とも満員になり積み残し状態。宮島との連絡船も乗り切れない人の長い長い行列が続いていたと書かれています。

その頃の管絃祭は、数日前から瀬戸内海の島々や、遠くは四国の方から、家族ぐるみで漁船に乗り込み船に泊まり、自炊をしながら祭りに備えていたそうです。御座船の周りを数百隻の船が取り囲み、海岸にはギッシリと見物人、さらに祝賀花火大会もあって、まさしく宮島線最大の輸送イベントでした。

地御前駅の壁

1987(昭和62)年、安全性と利便性を考慮して、上下線ともホームを移動しました。ところが、上りホームの壁板が残されているように見えます。壁の撤去を忘れたのでしょうか。壁の基礎をよく観察すると、壁は山陽本線側の敷地に建っています。

実は、これはホームの壁板ではありません。山陽本線を力強く疾走するSLから吹き出した蒸気が、電車待ちの人に当たらないように建てられたものなのです。

SLは煙突から噴き出す煙だけでなく、動輪につながるシリンダーからの蒸気も強烈で、特に冬は蒸気に包まれると何も見えなくなってしまいます。壁板の効果は、私自身が幼い頃に体験しています。SLはかっこいいけれど、蒸気を吹き出しながら迫ってこられるのは怖かった。壁があってよかったなあ。

牛車を追い抜く宮島線

「電車沿線案内」復刻28ページに、地御前神社の紹介文があり、その後段に「電軍は地御前停留所を發し右に宮内街道の牛車を追ひ海邊に沿ふて疾走六〇鎖にして新宮島驛に到る」と書かれています。

ヤードポンド法で60鎖は約1・2kmになります。「電軍」は電車の誤植ですが、線路の海側にはまだ国道がなかったので、右の山側に宮内街道(旧国道)が延びていたことがわかります。さらに追い抜くのは車ではなく牛車で、バイパスを疾走する自動車に追い抜かれながら走る現在とは逆だったようです。当時を想像しながら車窓から見える景色を楽しんでみてください。

「初三郎鳥瞰図」には地御前神社の写真がありますが、神社の目の前には海が迫っており、海辺を走る電車も写っています。

海辺のルートへ

地御前駅を発車すると、神社を避

けるように電車は山陽本線から離れて左に曲がります。この付近が、仮の終点だったところですが、ちょうどそのあたりで、海側に漁港と海が見えるため「あっ海が見えた」と観光客は視線を海側に向けます。

地御前神社の目の前を通るのに、誰も神社に気がつきません。そして、国道が邪魔をして海も見えなくなります。つまらなそうに目線を手元のスマートフォンに移そうとしたところ、

沖島橋で国道をくぐり、S字にカーブしながら電車は阿品鰆浜《さわらはま》の海岸線に出て、車窓いっぱいに瀬戸内海が広がります。

手前には牡蠣の幼生を育てる牡蠣ひび（抑制棚）が並び、海上には牡蠣いかだ。目を凝らせば、厳島神社の朱の大鳥居も見えてきます。市内中心部ではビルの谷間を走り、郊外では住宅に囲まれていた宮島線も、本来の海辺の鉄道に戻りました。

海沿いのS字カーブ
（広電社内報『輪苑』1997〈平成９〉年１月号表紙より）

PICK UP 地御前と野球

地御前地区は、明治期からアメリカへの移住が盛んだったこともあって、野球文化が早くから伝わっていたようです。

地御前のチームが対外試合を行う時に応援歌として歌われたのが、広島カープの得点シーンなどでおなじみの歌「宮島さん」です。「宮島さん」は地御前生まれなのです。

また、1924（大正13）年に甲子園球場で開催された第10回全国中等学校優勝野球大会（いわゆる夏の甲子園）で広島商業の初優勝に貢献し、大会初の２試合連続ホームランを記録した梶上初一選手は、地御前の出身です。

大学進学後や都市対抗野球でも活躍したのですが、33歳で戦死し、野球殿堂博物館には戦火に散った野球人として名が刻まれています。

他にも、マリリン・モンローとの新婚旅行で日本を訪れた大リーガーのジョー・ディマジオは、宿泊していた宮島口の一茶苑から広島県総合グランド野球場にカープの指導に向かう途中、地御前を通過。その際に草野球に気がつき、車を停めて飛び入りし、モンローは待ちぼうけになったとの話が残っています。

野球が盛んな地御前ならではのエピソードですね。

ちょっと一息

お好み焼き屋 **千《ち》富《とみ》**

押さえつけず、蒸し焼きにすることで甘くなったキャベツがたまらない正統派お好み焼き。

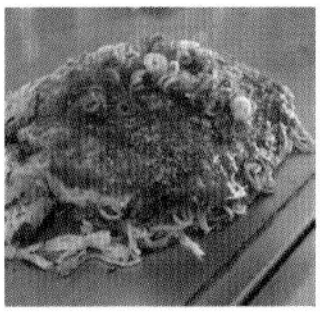

住　　所　廿日市市地御前１丁目16-８
電話番号　0829-36-3568
営業時間　11：00～14：00
　　　　　17：00～19：30
定 休 日　月曜（祝日の場合は翌日の火曜）

阿品東駅

■ 瀬戸内海を望む「秘境駅」

新宮島駅と連絡船

1926（大正15）年に「**新宮島駅**」まで線路を延ばした宮島線ですが、その先の工事には時間がかかりました。宮島口（現広電宮島口駅）までほぼ全区間を埋め立てなければならず、漁業者との補償交渉にも時間が必要だったようです。

ようやく宮島口まで全線開通できたのは、1931（昭和6）年2月1日でした。

その日をもって新宮島駅は廃止され、新宮島駅があった東に「阿品駅」が作られました。同時に、宮島航路も宮島口からの接続に変わりました。

その後、阿品駅の名前は地御前県病院前駅→阿品駅→阿品東駅と変化していきました。

広電社内報『輪苑』1961（昭和36）年10月号に「残暑を浴びて」と題された写真が掲載されています。この写真の右奥には**火立岩**や、波止が写っています。そのあたりに、廃止された新宮島駅があったのでしょう。

「残暑を浴びて」写真に火立岩と波止（赤丸）
（広電社内報『輪苑』1961〈昭和36〉年10月号表紙裏より）

阿品東の海から

散策ルート（所要時間 約1時間）

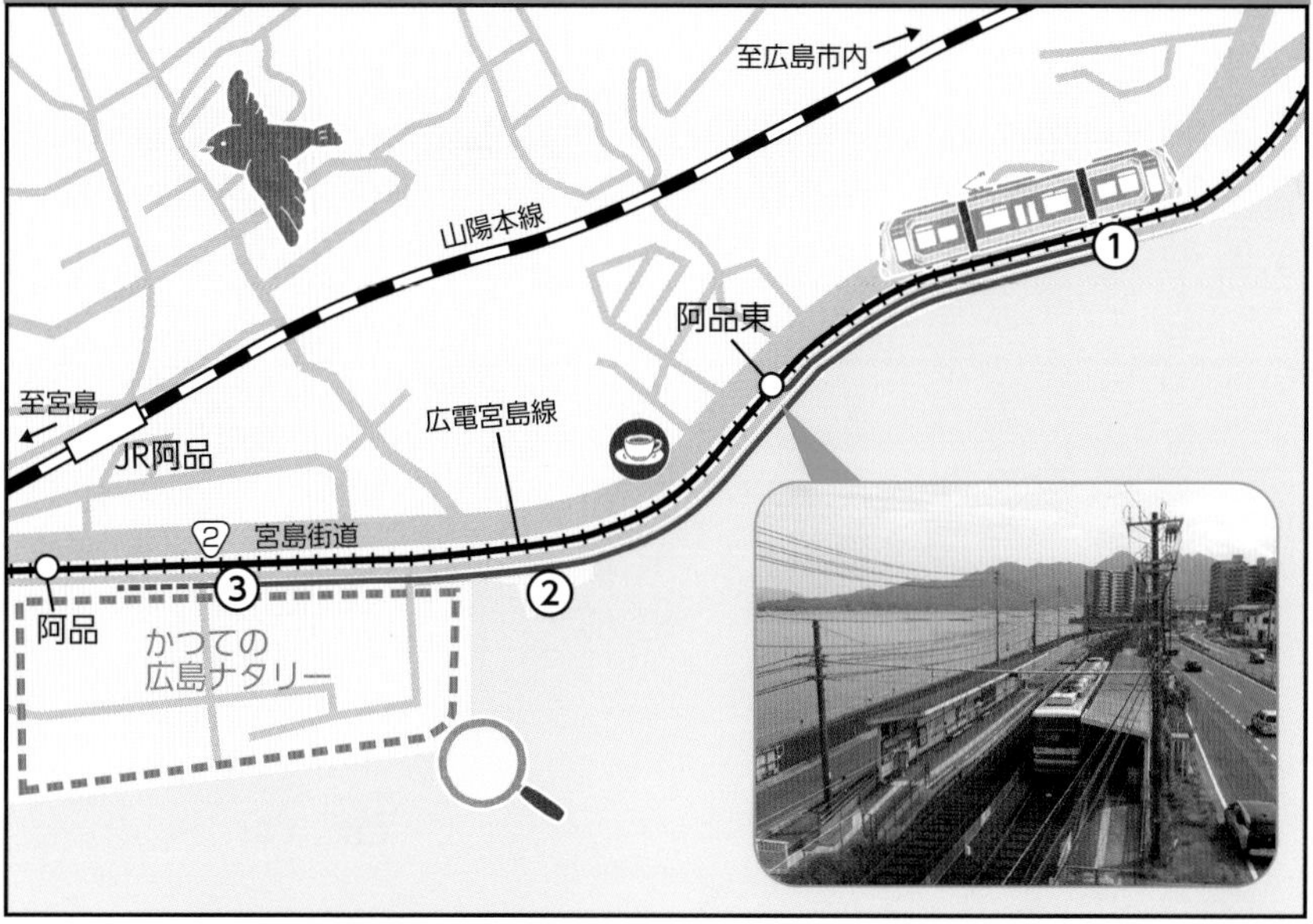

阿品東駅
歩道橋からの眺めをご堪能ください

← 徒歩5分

①火立岩跡（旧新宮島駅跡）

← 徒歩10分

②おあがり場公園

← 徒歩3分

③宮島線の堤防や杭、海に下りる階段を観察

← 徒歩10分

続きは「広電阿品駅」83ページへ

消えた火立岩

「初三郎鳥瞰図」には、新宮島の桟橋に停泊する連絡船の写真があります。新宮島駅や宮島航路の桟橋、そして駅近くにあった火立岩は、痕跡も残っていません。

「電車沿線案内」には、火立岩は

阿品駅移設直後（広電社内報『輪苑』1973年４月号６ページ）

1555(弘治元)年の厳島合戦のとき、毛利水軍の船が出航した地として名高く、厳島神社の管絃船がここで灯を掲げ、火を灯すのを慣習としていたことが書かれています(復刻29ページ)。由緒ある岩でしたが、西広島バイパスの工事で鰆浜一帯が埋め立てられて線路が移設された際に消滅しました。

　1973(昭和48)年の広電社内報『輪苑』には、移設直後の新旧線路が並んだ貴重な写真(79ページ下の写真)が掲載されています。

賑わっていた過去

　1974(昭和49)年に遊園地「広島ナタリー」がオープンしたときは、ここが最寄り駅でした。そのときの様子を同年5月号の広電社内報『輪苑』の表紙に見ることができます。1978(昭和53)年に広電阿品駅ができてからは、そちらが「広島ナタリー」の最寄り駅になりました。

阿品東。広島ナタリー開業時の最寄り駅でした
(広電社内報『輪苑』1974年 5月号表紙)

　現在では宮島線で最も乗降客の少ない駅ですが、当時は大変な賑わいだったようです。

海沿いの記憶

　阿品東駅を発車した電車は、まもなく右にカーブします。その付近の海側にある公園が「**おおあがり場公園**」です。巡幸に際し、宮島を訪れた明治天皇がここから上陸されたことを記念した公園です。「初三郎鳥瞰図」にも「明治天皇御上陸地」として描かれています。

　その公園から少し西に進むと、線

海沿いを走る電車
(写真提供:窪田正實)

PICK UP　阿品東駅の魅力に気づいて！

阿品東駅は魅力がいっぱい。海の見える駅で有名な四国の下灘駅よりも海は近く、阿品東駅の朝陽は、目前の牡蠣ひび（抑制棚）の合間にもキラキラと反射して、神々しさとともに体中にエネルギーをいただく感覚になります。牡蠣のシーズンには、目の前で豪快な収穫シーンも見ることができます。

すぐ横に国道２号線があり、駐車場や駐輪場はありません。バスも1日３本だけです。ということは、アクセスは宮島線が１番便利という、ちょっとした「秘境駅」でもあるのです。

電車で来るのならお酒も大丈夫。見晴らしの良い高床ホームも残っていますので、その上に焼き牡蠣と地元の名産大野アサリの酒蒸しやパスタ、熱々のクラムチャウダーとお酒を楽しむ施設があれば瀬戸内海を眺めながら過ごせます。

1988（昭和63）年に廿日市市が誕生したときには、駅の壁面に大きな壁画が描かれましたが、それもすでになくなり壁板も傷んでいます。

シーサイドラインだった宮島線に残る最大のスポット「EAST OF AJINA」を、ぜひとも有効活用してほしいと願うばかりです。

ちょっと一息

kitchen&drink **yuba**

窓いっぱいの瀬戸内海と宮島線を眺めながらの至福タイム。
まずはランチで。そしてディナーでも訪れたいお店。

住　所	廿日市市阿品１丁目11-16 202号室
電話番号	0829-20-4655
営業時間	11：00～14：00（L.O.13：30）、16：00～23：00
定休日	日曜

路の横が深く堀のようになっている場所があり、**宮島線の堤防**が続いています。**船をつなぐ杭**や高い堤防から浜に下りるための**階段**も残っており、宮島線の堤防ではおなじみの潮抜き穴もあります。井口駅付近も、これくらいの高低差があったのでしょう。宮島線はひたすらに海沿いを走っていたのです。

広電阿品駅

懐かしさの残る場所

田尻海岸（広電社内報『輪苑』1961〈昭和36〉年12月号より）

面影は今も

1978（昭和53）年8月1日に開業した「田尻駅」は、遊園地「広島ナタリー」の最寄り駅として賑わいました。夏休みには駅員が配置され、臨時の改札口や切符売り場もあるほど。冬は屋外スケートリンクが設置され、営業終了後に大学のアイスホッケー部が練習に使うこともありました。

1996（平成8）年「広島ナタリー」の閉園後、2000（平成12）年に駅は70mほど東に移設されました。その翌年には「JR阿品駅」との名称統一ため、「広電阿品駅」に名称を変更、それに伴い、従来の「阿品駅」は「阿品東駅」に改称されました。**旧田尻駅のホーム**は、今も少しだけ残されています。また、近くのショッピングモールには、遊園地のシンボルだった帆船「ナタリー号」の操舵輪や羅針盤などの機器を展示した「**ナタリーサルベージ・アート・ストリート**」があり、当時の面影を偲ぶことができます。

万円山曲線

広電阿品駅と広電宮島口駅の間に、不思議な地名があります。海側にヨットハーバーが見えてくる少し手前のカーブを、広電では「**万円山曲線**」と呼称しています。この付近の山を地元の人は「髻山（もとどりやま）」と呼び、どうして広電では万円山なのかは分かっていません。その昔、ひと山一万円で売られていたからとの説が有力ですが、ご存知の方はお知らせいただけたらと思います。

散策ルート（所要時間 約1時間30分）

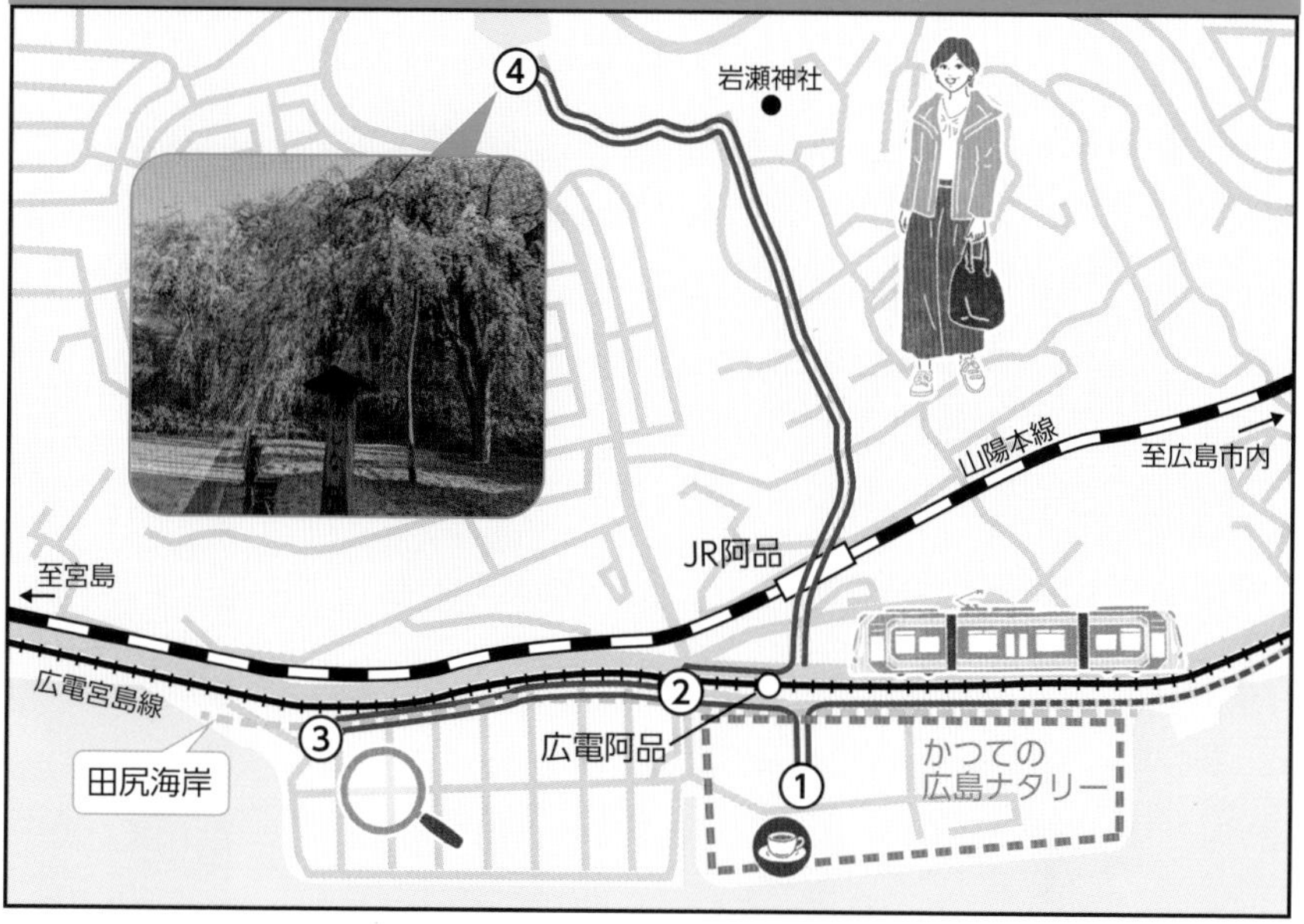

「阿品東」宮島線堤防や杭や海に下りる階段を観察（79ページ）から

← 徒歩10分

① ナタリーサルベージ・アート・ストリート

← 徒歩5分

② 旧田尻駅ホーム

← 徒歩10分

③ 万円山曲線
昔の地形を想像してみましょう

← 徒歩30分

④ 桜の季節はあじな桜

← 徒歩15分

広電阿品駅

駅から山側のJR阿品駅を越えて進むと、見事な枝垂れ桜の**あじな桜**があります。

ちょっと一息

マリオ ディマーレ

海沿いの眺めとともに、パスタとピッツァと、そしてデザート。食後はナタリー号のサルベージもお忘れなく。

住　所	廿日市市阿品3丁目1-2 ナタリーマリナタウン
電話番号	0829-20-3233
営業時間	11：00～22：00（L.O.21：00）
定休日	無休

万円山曲線

広電宮島口駅

■宮島玄関口へつながる終着駅

駅の歴史

本書が参考にしている「初三郎鳥瞰図」や「電車沿線案内」は、新宮島駅（現阿品東駅の西）までしか開通していない時点での発行なので、広電宮島口駅についての記載はありません（「初三郎鳥瞰図」にはまるで線路がつながっているかのように描かれていますが）。

1931（昭和6）年2月1日にようやく当駅まで線路を延ばし、宮島線は全線開通しました。開業時の駅名は「電車宮島駅」で、「広電宮島駅」を経て2001（平成13）年から「広電宮島口駅」となっています。

全線開通と同時に、新宮島駅から接続されていた宮島航路は、宮島口からの運航となりました。それ以来、国鉄宮島連絡船と松大汽船（当時は松大観光船）が並行して宮島口と厳島神社のある宮島を結んでいますが、昭和32～46年頃、広島バス系列の帝産観光汽船が参入し、船首の龍が誇らしい竜宮丸と乙姫丸を運航していたのをご記憶の方もいらっしゃるでしょう。

当駅は、2022（令和4）年7月に宮島口地区港湾整備事業により旅客ターミナルに近い現在地に移設されました。移設前の駅には堤防の跡や納涼台の痕跡も残っていたものの、全て撤去されました。

あの刑事ドラマのロケ地

当初、宮島口の側線には上屋のある車庫がありましたが、車庫がなくなり留置線[*1]となっていたときに、刑事ドラマ「西部警察」（テレビ朝日系）の電車爆破ロケが行われました。

1982（昭和57）年7月、夏の早

「西部警察」爆破ロケの様子（撮影：飯原陽一）
歩道橋には見物客も写っています

散策ルート（所要時間 約30分）

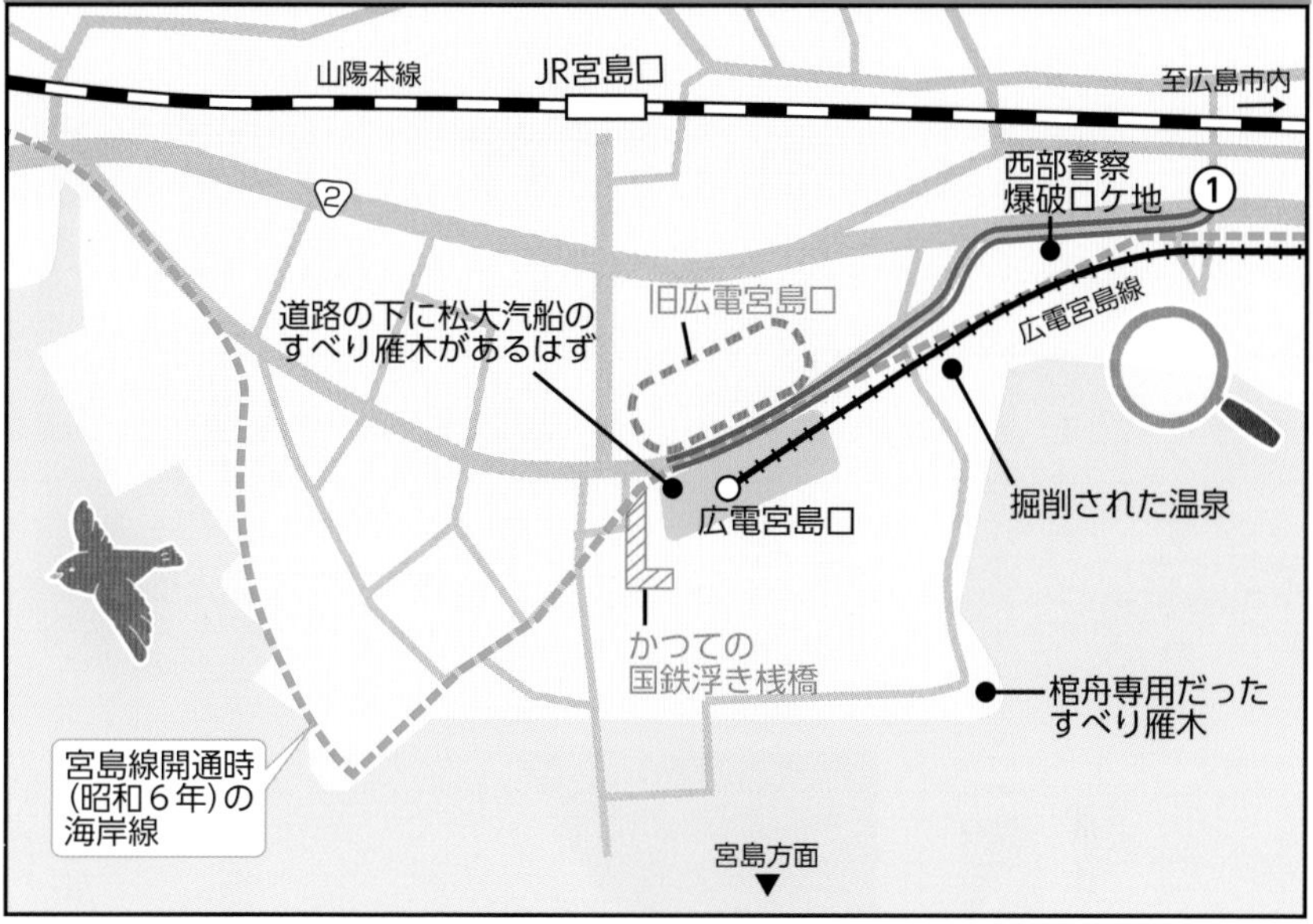

広電宮島口駅
駅前の空間でゆったり

宮島口前の空間

← 徒歩5分
かつての風景を思い浮かべつつ、車に気をつけて進んでください

①歩道橋
そばに「赤崎2踏切」があります

← 徒歩5分

広電宮島口駅

朝、始発電車の発車後に爆破シーンの撮影が行われましたが、1回目は白煙だけだったので、撮り直し2回目で爆破に成功。爆破された電車が、もみじ饅頭の広告電車でしたので、このドラマをきっかけにもみじ饅頭の知名度は飛躍的に上がったそうです。

見物客のいた歩道橋から移設前の宮島口駅方向を撮影（2020年10月）

＊1　留置線／側線の一種で、一時的に車両を停めておくための線路

赤崎の由来

付近の踏切名として「赤崎《あかさき》」がありますが、これは宮島口と呼ばれる前の地名に由来します。

赤崎には諸説ありますが、「神様の島である厳島にはお墓を建てられないので、対岸の岬に埋葬していた。そのため、お墓のある岬が墓崎《はかさき》となり赤崎となった」というのをよく耳にします。

宮島ボートレース場の西の角に、すべり雁木《がんぎ》（スロープ状の雁木）が残っています。このすべり雁木は、地元の方によると、棺舟専用だったそうです。

1956（昭和31）年に国鉄浮き桟橋から撮られた写真をよく見ると、松大電車とバスが写っている左に、松大汽船のすべり雁木が見えます。国鉄連絡船は浮桟橋でしたが、松大汽船はすべり雁木に板を渡しての乗下船でした。なかなかスリリングだったのではないでしょうか。

1956年４月26日、奥に見える旧広電宮島口を国鉄浮き桟橋から撮影
（J・W・Higgins撮影、名古屋レール・アーカイブス所蔵）

賑わう宮島口

宮島口にはタワーがありました。広島電鉄の社内報に写真がありますので、ご紹介します。

旅客ターミナルが整備され、駅の移設という大きな変化を迎えた広電宮島口。日本三景の一つ「安芸の宮島」の玄関口である宮島口は、日本国内のみならず世界各国からの観光客が通過するところです。

大半の観光客は、原爆ドームや平和公園と宮島（厳島神社）を一度に巡るため、宮島の滞在時間は短く、連絡船で宮島口に戻ってきたらすぐに駅や駐車場に向かいます。

新しくなった宮島口には、地元廿日市市の文化や産業に触れられる

宮島ガーデン
（広電社内報『輪苑』1996〈平成８〉年５月号より）

コーナーや、緑も鮮やかな大しゃもじ広場、テラス席もあるカフェがあります。そして広電宮島口駅と旅客ターミナルとの間には、さまざまなスタイルのベンチも置かれ、お砂焼まつりやマルシェなども開催されています。

通過するだけではもったいない、ゆったりと過ごしていただける場所になりました。

宮島への通過点ではなく目的地へ

そんな宮島口には平成の半ばに掘削された温泉があります。立体駐車場の近くにひっそりと眠っています。冷泉の潮湯と聞いたことがありますが、広場に足湯のような施設でもあれば、宮島口の魅力はさらに増すのではないかと、今後の活用に期待しています。

宮島口は観光客の通過する場所ではありません。これからは地域のための場所にもなるのです。宮島線沿線で暮らす人々が「宮島口に行ってみよう」と思える目的地になっていくのが楽しみです。

写真のどこかに温泉が

新しくなった広電宮島口駅とマルシェ

ちょっと一息

広島を代表する観光地・宮島へ向かう拠点として、当駅には定番のもみじ饅頭やあなご飯、他にもおしゃれなカフェがたくさん。ぜひご自分でお気に入りのお店を見つけてみてください。

宮島線の電車たち

最新鋭の5200形APEXを合わせると、宮島線を走った電車は29種類。バラエティ豊かな電車たちの中から一部をご紹介します。

連接車に改造された1040形荒手車庫にて
（撮影：窪田正實）

戦後一時期の専用カラーで高須を走る(1957年4月、J・W・ヒギンス撮影、名古屋レール・アーカイブ所蔵)

井口付近を走る1070形電車
（撮影：来得研治）

1989年頃まで競艇貸切電車として活躍した1061号
（撮影：来得研治）

高床電車

宮島線はたった2両で開業。当初市内線とは線路がつながっておらず、床の高い電車が走っていました。そのうちのモハ2号は1938(昭和13)年の千田車庫火災で被災し、丸みを帯びたスタイルの1040形1042号に生まれ変わりました。さらに1957(昭和32)年には連接車へと大改造。1040形は連接改造されたことで開業時の電車たちの中で10年以上長生きしました。

本書のイラストにもなっている1061号は1957年に登場した戦後唯一の高床の新造車です。社内での愛称は「ロクイチ」でした。コントラバスのような低音が心地よいモーターで、もう一度あの音を聞きたいです。

阪急から1967(昭和42)年に移籍してきた1070形は、移籍時にドア配置が変更され1両目と2両目でドア位置が異なります。このような構造の鉄道車両は全国的にもとても珍しいです。ガーガーと唸りを上げて走る姿が印象に残っています。

これらの高床電車たちは、残念ながら全て解体されてしまいました。

市内線直通用の電車

2000形は連結改造した電車です。連結した2両の相性によって、2両目が「おい、もっと早く走れ」と押してくる独特な突き上げがありました。全車引退しましたが、2004-5号は江波車庫内に保存されています。

保存されている電車には、1980(昭和55)年にデビューし日本の路面電車高性能化の礎となった「軽快電車」こと3501号もいます。その後の直通電車の愛称となった「ぐりーんらいなー」の元祖です。

　保存されている電車の展示施設ができることを、心から願っています。

　本書執筆時点で乗車できる電車では、一部マニアに「イモ電」と呼ばれる3000形の唯一の現存車3003号がいます。8編成いましたが、2015(平成27)年に3005号と3006号がミャンマーに輸出され、そのほかは順次廃車解体されました。残った3003号は現在も平日の朝に運行しています。

朝日にかがやく3003号（2023年12月撮影：来得研治）

古江～高須を走る2000形2004-5号（撮影：来得研治）

広島カープ3連覇のヘッドマークも誇らしい3102号（2012年11月）

平良（現廿日市市役所前）駅開業記念始発電車となった3501号（1984年11月1日撮影：来得研治）

　3100形は、そろそろ引退か？との噂もあって撮り鉄に追いかけられるほどの人気です。何といっても宮島線内で高速走行からの電気ブレーキの悲鳴のような甲高い音は必聴です。ただし、平日の早朝しか運行しないので聞く難易度は、ちょっと高めです。

超低床電車

　それまでの電車は、夜になると正面ガラスに車内が映り込むのが悩みでした。ところが1999(平成11)年に登場した5000形は運転台の高さと正面窓の傾きにより、夜間の視界がとても良好なのです。ドイツ製で超低床技術に注目されがちですが、運転士としてはとても助かりました。

　そして最新鋭の5200形は平成から令和に変わる2019年にデビュー。モノトーンにアクセントのグリーンが印象的な車体で、愛称のAPEXは「頂点」の意味です。進化していく路面電車の頂点を越える次の電車も楽しみですね。

市内線開業100周年のヘッドマークも誇らしい5001号（2012年11月撮影：来得研治）

地元にも観光にも欠かせない電車の誕生

宮島線の歴史

市内線の歴史

宮島線の歴史の前に、広島電鉄が運行する市内線（路面電車）の歴史について知っておきましょう。

ＪＲ山陽本線は、太田川河口のデルタ部分を迂回するように敷かれており、広島駅など駅から広島市街への交通は客馬車や人力車が主な移動手段でした。

明治末期、広島城の堀を埋め立てるなど広島市街の整備が進められることになり、駅から広島市街への新しいアクセスとして、市内電車は１９１２（大正元）年に開業しました。全国的にも各地に路面電車が誕生した時期ですが、岩国や呉に3年遅れての開業です。

路面電車の危機と発展

開業後は順調に路線を延ばしましたが、１９４５（昭和20）年8月6日に、原子爆弾により壊滅的な被害を受けました。懸命な復旧で広島の復興を支えたものの、１９６３（昭和38）年には自家用車の普及とともに軌道敷き内での車の通行が認められ、大都市の路面電車と同じように廃止も検討されました。

しかし、後に社長となる広島電鉄の奥窪央雄《おくくぼひさお》電車部長（当時）は「電車の葬式を出す役目なら電車部長の辞令はいらない」と言って、欧州の路面電車が都市交通に果たしている役割を広島県警に伝え続けて説得。県警も大英断を下して、１９７１（昭和46）年に、再び軌道敷き内の通行が禁止され息を吹き返しました。

それ以来、各都市で廃止になった電車を譲り受けて塗装もそのままに運行するなどの経営努力を重ね、「動く路面電車の博物館」と称される時期もありました。今でも、いわゆるレトロ車両は健在ですが、一方で積極的な近代化も進め、ノンステップの電車が数多く運行する日本最大の

軌道敷き内の自動車通行禁止

広島県公安委員会の英断

■一二月一日より実施

最近、激増にとどめを知らぬ自動車に対する風当りは強まってきている反面、公害のない大量輸送機関としての市電は、京都、福岡をはじめ各都市でその存在価値を見直されつつある。

当広島市においても市電は、主要幹線を一日一万二千粁走行、一二万一千人の乗客を輸送し、（四五年度）依然として市内交通機関の主幹となっている。

しかし、年々増加する自動車に運行を阻害され信号機の増設と相まってスピードが鈍化し、ひいては乗客からもソッポを向かれるという悪循環を生んでいる現状である。

このたび、広島県公安委員会は、このまま放置すれば、市内の交通渋滞や排気ガスなどの車公害はますます深まるばかり、よって、マイカーの規制、駐車禁止区域の拡大等をはかる一方、路面電車を優先通行させることによって、市民の足を確保すべく、道交法の改正時期とあわせて一二月一日より諸車の軌道敷き内通行禁止にふみきった。

運輸課では一一月七日より労使協力して「定時運行、等間隔運転の励行」を推進し、人員不足、交通渋滞の悪条件の下に努力しているが、時宜を得た措置と大歓迎である。

実施後数日は、ラッシュ時間に御幸橋付近で大幅に車両がふくそうし、ダイヤの混乱がおきたが、交通規制によって漸次、正常化され、電車のスピードアップも、成果をあげつつある。

写真は軌道敷き内自動車通行禁止線もあざやかな相生橋

軌道敷内通行禁止を伝える広電社内報『輪苑』
（1971年12月号より）

路面電車会社となりました。

ICカード全扉乗降方式を導入したほか、2025年には駅前大橋線が開通し、広島駅2階への乗り入れが行われる予定があるなど、広島のさらなる発展には欠かせない中心的な存在となっています。

また、2023（令和5）年8月に栃木県宇都宮市と芳賀町を結ぶライトラインが開業しましたが、開業を陣頭指揮した広島電鉄出身の中尾《なかお》正《まさ》俊《とし》常務取締役は、開業始発電車の出発式では奥窪氏の言葉を思い出して胸が熱くなったと話すなど、広島電鉄のDNAは日本の路面電車の未来に繋がり続けています。

宮島線の歴史

1922（大正11）年8月22日に宮島線は開業しました。しかしこれは、現在は全長16・1kmである宮島線のうち、2・9kmだけの部分開業です。

起点の己斐町駅(現広電西広島駅)から終点の草津町駅(現草津駅)の間には高須駅と古江駅の2駅しかありませんでした。

　その後、宮島線は延伸を続けます。1924(大正13)年4月6日に廿日市町駅(現広電廿日市駅)まで延伸開業し9・9㎞の路線になり、1925(大正14)年7月15日に地御前駅まで(実際には仮設の地御前終点駅まで)、その1年後の1926(大正15)年7月15日には新宮島駅(廃駅、現阿品東駅の西あたり)まで開業しました。

1960(昭和35)年、初代の広電宮島駅
(同年乗務員アルバムより)

　それから約5年後の1931(昭和6)年2月1日に、電車宮島駅(現広電宮島口駅)まで線路を延ばして、ようやく16・1㎞が全線開通しました。

海の上の宮島線

　開業から全線開通まで実に8年半近くを要したのは、宮島線が海の上に計画された路線だったからです。海の上と聞いて意外に思われる方もいらっしゃるかもしれません。

　瀬戸内海に浮かぶ島々を想像してみてください。ほとんどの島は、山と海の境にわずかな浜があるだけで、平地はほとんどありません。それは本土側も同じで、太古の昔には平地はほとんどありませんでした。長い年月をかけて河川で運ばれてきた土砂が堆積したり、人の手で埋め立てられたりして、少しずつ平地を広げてきました。

　宮島線の線路は、そのほとんどが江戸中期以降から明治期の埋め立て地(新開)と、宮島線敷設のために広島瓦斯電軌よって埋め立てられた部分で占められています。わずかな例外としては、草津駅から草津南駅の間と、山陽女学園前駅東側、広電廿日市駅周辺と串戸トンネル内があげられます。宮島線の海側には草津と廿日市にしか神社やお寺がないことからもわかります(己斐の善法寺は海側にありますが、1936〈昭和11〉年に寺町から移転)。

区間を延ばすのに一苦労

己斐町から草津町までの区間では、

己斐地区が江戸期の新開地であり、別れの茶屋踏切（15ページ）の先からは庚午新開です。特に庚午新開は、住宅街となっている今では想像もできませんが、何度も高潮被害を受けたことから土地に塩分が多く、耕作に不向きであったため、住む人も少ない荒れ地でした。そのため用地の確保や線路敷設も容易で、長い直線で敷設することができました。

宮島線全線開通を記念した祝賀広告
（1931〈昭和6〉年2月1日中国新聞）

一方、草津南駅から西側は、海を埋め立てて線路を敷設し、堤防も作ったので、工事は人手も時間もさらに必要だったと思われます。なかでも、新宮島駅から宮島口までの区間は、漁業者との交渉に時間を要したことに加え、難工事だったようで、2・6㎞の開業に5年もかかりました。

1931（昭和6）年2月1日の中国新聞には、宮島線全通記念と題された特集と、紙面一杯の祝賀広告が掲載されました。

祝賀広告には、日本で初めてヨーグルトを発売した会社チチヤスや宮島の老舗ホテル岩惣、あなごめし駅弁で有名なあなごめしうえの、そして今でも宮島口駅前にある平本尚徳石材店などの名前を見つけることができます。

このように、宮島線が部分開業を選択したのは、用地確保や漁業者との調整、埋め立て工事に時間がかかったことなどが要因ですが、他にも苦労があったようです。

己斐町駅から草津町駅までの2・9kmは、すでに軽便鉄道として認可されていた事業を買収したことで先行して開業できました。しかし、開業するために用意された電車は、たった2両だったのです。

電車がたった2両だけだった理由

宮島線の開業を報じる中国新聞記事(下の記事参照)には、見出しに「煙火の音を合図に盛大な開通式」、続く小見出しには「追々貨物車も運転」「客馬車は廿一《にじゅういち》日限り廃業」と書かれています。客馬車が廃業した翌22日に、宮島線は開業しました。

貨物車の運転とは、山陽本線の己斐駅に届いた貨物や草津の海産物を運ぶ貨物専用電車のことです。当時の山陽本線は、己斐・五日市・廿日市・宮島と駅も少なく、地域の輸送は人力車から切り替わった馬車輸送が主力でした。

煙火《はなび》の音《おと》を合圖《あひづ》に
盛大《せいだい》な開通式《かいつうしき》
追々貨物車も運轉《うんてん》
客馬車は廿一日限り廢業

宮島線の開業を報じる新聞記事
(1922〈大正11〉年8月23日中国新聞)

馬車輸送には、海産物や荷物を運ぶ荷馬車と、乗客輸送を主とした客馬車がありました。かつて地域輸送の主役が人力車から馬車に変わったように、宮島線が開業することで、こんどは役割が馬車から宮島線に移されることになったということです。

そんな大事な役割を引き受けるはずの宮島線でしたが、肝心の電車が間に合わないという事態になりました。

宮島線開業にあたり、新しく電車10両を大阪の梅鉢鐵工所《うめばちてっこうしょ》でつくることになりましたが、当初予定していた台車や部品が第一次世界大戦後の反動恐慌により調達困難となったのです。

発注していた10両が揃うのを待って己斐(西広島)~廿日市間で開業することも検討されたのかもしれません。しかし草津は人口も多く海産物の集まる港町であり、開業を遅らせるわけにはいきませんでした。そこで、とりあえず2両だけを調達可能な機器に変更して、何とか間に合わせることにしたようです。

それでも竣工したのは、開業のわずか1か月前という綱渡りのような開業でした。残りの8両は、当初の設計通りの機器を装備して製造されましたが、竣工したのは廿日市まで延伸開業するわずか40日ほど前でした。

ドタバタの開業

さて、電車を動かすために必要な電気を供給するのは、己斐～草津間ではなく廿日市に作られた廿日市変電所が担うことになっていました。しかし鉄道省への申請資料によると、廿日市変電所の竣工は、開業に間に合いませんでした。そのため己斐に屋外変電所が作られ、広島市内の基町にあった櫓下《やぐらした》変電所の供給も受けて間に合わせたようです。*1

廿日市変電所は明治末期や1916（大正5）年の申請資料によると、当初は発電所として申請されていましたが、1924（大正13）年3月に変電所への変更が申請されています。その理由として「小出力ノ火力發電《はつでん》所《しょ》ハ電力發生費高價《こうか》ニ付他ヨリ低廉《ていれん》ナル電力ヲ購入シテ經費《けいひ》ヲ節減セントスルニアリ」と書かれています。つまり、発電所とするには小規模で、発電コストがかかったため、費用が比較的安い他の所から電力を購入して、経費を抑えることにしたので、変電所となったようです。

廿日市変電所（広電社内報『輪苑』1994〈平成6〉年6月号表紙より）

しかし、他の申請資料には最初から変電所と記載されているものも多く、設計図面には発電所であれば必要となる煙突の記載がなく、解体前の写真にも発電の証明となるような痕跡が見当たらないので、実際に発電所として稼働していたのかは不明です。

もし開業を1年10か月ほど遅らせれば、己斐（西広島）から廿日市までを一気に開業できるし、電車も当初の設計通りの装備で10両とも揃う。変電所からの綱渡り的な送電も回避できます。

にもかかわらず、いわば間に合わせの部品で2両だけ造ってでも草津開業を急いだということは、それだけ、当時の草津が重要な町であったということなのかもしれません。

＊1　廿日市変電所の正確な竣工時期や送電開始時期については不明

直通電車の運行開始

本書は専門書ではないので詳細はほかに譲りますが、宮島線の歴史を考えると外すことのできない重要な事が3つあります。このコーナーでそれぞれ紹介していきます。

別々だった市内線と宮島線

宮島線の歴史において重要なことの一つは、直通電車の運行を開始したことです。

軌道線[*1]である市内線と、鉄道線[*2]である宮島線は、宮島線建設時の一時期を除き、開業時からしばらくの間、線路がつながっていませんでした（社内報に、宮島線建設に「市内電車を資材運搬で活用」との回顧記事が掲載）。

市内線は1933（昭和8）年まで、プラスの線とマイナスの線の2本を張って、集電用に2本のトロリーポール[*3]を使用するダブルポール方式でしたが、宮島線は開業時からレールをマイナス線として使うシングルポール方式でした。

集電方式の違いがあり、回路構成からレールを接続することもできないため、宮島線は独立していたのだと思います。

トロリーポール姿の1040号
（高松吉太郎撮影、広島電鉄所蔵）

*1 軌道線／一般道路に敷かれたレールの上を走る電車（路面電車）

*2 鉄道線／軌道線に対し、専用敷地内に敷いたレールの上を走る鉄道（一般的な鉄道車両）

*3 トロリーポール／電車が架線から電気を得るための集電装置の一つ

イレギュラーで垣根を超えることも

1933（昭和8）年以降では、イレギュラーですが宮島線の車両が軌道線を走ることがありました。

記録としては、1942（昭和17）年8月末の台風のときがあります。広島市中区にある千田車庫が浸水したため、宮島線の車両で代行運転が行われました。

また1938（昭和13）年の千田車庫火災では、点検のために車庫にいた宮島線の車両が被災してお

2000形電車の永久連結化工事による車両不足を補うために市内線用塗色のまま宮島線を運行する353号(右)
(撮影：窪田正實)

点検のため連結を切り離し自力で千田車庫に向かう1077号(1986年ごろ著者撮影)

り、重要な点検や大がかりな改装工事は設備の整った千田車庫で行われていたことがわかります。これは、1991(平成3)年に鉄道線専用車両(高床電車)が廃止されるまで行われていました。大型の鉄道車両が千田車庫に向かって軌道線を走行するのは、迫力がありました。

逆の例としては、空襲による被害を最小限にとどめようと、市内電車を宮島線の高須駅や電車五日市駅(現広電五日市駅)、電車宮島駅（広電宮島口駅にあった車庫)に分散疎開させていました。

直通運転による変化

広電西広島駅での乗り換えの不便を解消するため鉄軌道乗り入れ運転を開始したのは、1958(昭和33)年からです。これを広島電鉄では「直通運転」と表現しました。

市内線(40㎞/h)よりも高速で走る宮島線(60㎞/h)での運行に対応した車両を使っており、その車両には、オリエントピーチにベネチアンレッドのラインを配した「直通色」の塗装が施されました。

各駅に高いホームと低いホームが混在した宮島線において、「直通色」はどちらのホームに止まるのか区別

直通電車初期に一時的に走った550形 井口付近(撮影：窪田正實)

しやすくする意味もありました。

　さらに夜間に一目見て直通電車だとわかるように電車正面上部の左右にオレンジ色の直通表示灯を設置するなど、当時の気合いの入りようが目に浮かびます。

2022年宮島線開業100周年を記念して復活した直通色 3100形
（撮影：来得研治）

直通表示灯を点灯している2000形
（2008年頃撮影：来得研治）

広島駅発廿日市行き直通第一便 1962（昭和37）年1月10日（撮影：窪田正實）

段階的に進んだ直通電車運行の歴史

1958（昭和33）年	4月1日	団体輸送に限り850形（現350形）で鉄軌道乗り入れ開始
	6月20	午前ラッシュ帯のみ市内～草津乗り入れ開始（３本）
	7月19日～ 8月30日	宇品～宮島口 納涼電車運行
	7月20日～ 8月31日	広島駅～宮島口 海水浴客輸送運転
1959（昭和34）年	元日～ 4日	広島駅～宮島口 ４本運転
	4月1日～ 5月10日	日曜日のみ広島駅～宮島口 ８本運転
	4月7日	朝ラッシュ帯　市内～草津 ５本に増発
1960（昭和35）年	4月8日	朝ラッシュ 市内～草津 ４本、市内～廿日市 ３本
1962（昭和37）年	1月10日	広島駅～廿日市 通常運転開始（日祝は広島駅～宮島口運転）
1963（昭和38）年	5月6日	広島駅～宮島口 通常運転開始

戦時中、廿日市〜宮島口間が単線に

物資不足の中の計画

1972(昭和47)年4月1日に廃止された国鉄宇品線は、宇品港から戦地へ出征する兵士たちの輸送を担っていました。一方で、宇品で働く人々の通勤路線でもあったのですが、混雑を避けるために、軍人以外は宇品線ではなく路面電車での移動が求められました。

当時の路面電車は、広島駅から紙屋町を経由して宇品を結ぶ路線(現1号線)しか選択肢がなく、所要時間も長かったため、的場町と皆実町三丁目(現皆実町六丁目)間を直結する路線が計画されました。しかし、物資不足のなか、直結するために必要な2・5㎞を複線で敷設するためのレールの調達は大変だったようです。

宮島線のレールに注目

そこで白羽の矢が立ったのが、宮島線の廿日市〜宮島口間のレールでした。下り側のレールを撤去して皆実線に譲ることになったのです。

そして1944(昭和19)年7月から上り線を使用した単線運転が開始され、途中に行き違い施設も設けられました。戦争が終わっても、皆実線の線路を剥《は》がして元に戻すわけにもいかなかったため、通票閉塞式、つまりタブレットを使用しての単線運行は、1950(昭和25)年7月24日始発電車からの複線運転再開まで、6年間も続きました。

同年の広電社内報『輪苑』第10号8ページには「レールのきしみも滑らかに営業運転を開始」と、感情のこもった文言で複線復帰の喜びが書かれています。

1948(昭和23)年7月の地御前電車停留所(現地御前駅)の単線
(廿日市市教育委員会)

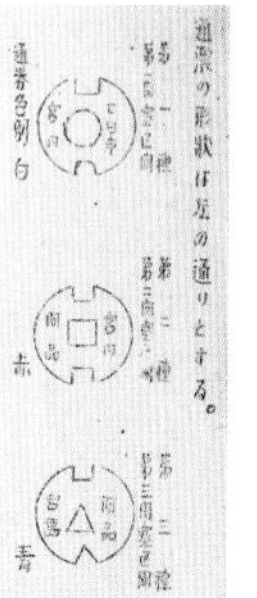

単線時代の通票の形状
(来得研治所蔵、1947年ごろ広島電鉄株式会社発行『運転取扱心得』より)

原爆による被害と復旧

当時の状況

　1945（昭和20）年8月6日朝8時15分、世界初の原子爆弾が広島に投下されました。

　細田民樹「美しき大地」[1]に、「旭橋を渡ると、すぐにもう宮島電車の驛《えき》だ。電車の驛はめちゃめちゃに壊されていたが、でも焼けてはいないのに、省線己斐驛[*1]はすっかり焼けていた」と書かれていることからも、宮島線の駅舎は倒壊したものの焼けなかったことがわかります。

　被爆のわずか3日後に己斐（西広島）と天満町の間で市内電車が走り、焼け野原に走り出した電車から多くの市民が勇気をもらったという話はドラマにもなりました。そのときの一番電車は己斐車庫が燃えなかったことで無事だった車両が使われています。

　引用中の旭橋は太田川に架かる現在の位置ではなく、もっと己斐に近い、太田川放水路になる以前の山手川に架かっていました。

　また、いくつかの証言が広電社内報や宮島線乗務員アルバムに残っています。1960（昭和35）年発行の乗務員アルバムの「原爆投下時の宮島線の被害状況」と題された記事には、次のように記されています。

> 　昭和20年8月6日午前8時15分、突然強烈な閃光と爆風により、運転中の列車はガラス窓、ヨロイ戸が破損した瞬間、宮島線全域が停電したと共に、広島市内上空に異様なキノコ型雲が、ぐんぐん広がるので、非常事態を感じた。乗客は一斉に車外に避難した。木造二階建の西広島駅では、駅長が「発車」と列車に合図した瞬間、屋根は飛散し、階段、天井は落下したほか、ホーム上屋も倒壊して重傷者3名、軽傷者は多数で確認できなかった。
>
> 　高須付近の電車線木柱は、原爆による熱線で翌日まで燃えつづけ、宮島駅においても爆風によりガラス破損のほか、ホームにいた駅員が転倒するほどの強烈さであった。被爆後、直ちに復旧作業が開始され被害甚大な西広島駅─草津駅間を除き14時頃から、草津駅─宮島駅間の運転が再開された。
>
> 　被爆負傷者は、衣服は破れ、皮ふはむげてたれ下がり、真黒くなって知人、男女の見分けもつかぬ有様で続々と市内の焼熱地獄を脱して帰ってきたが、これら被爆負傷者はすべて無賃輸送した。
>
> 　倒壊した西広島駅上屋などは8月7日、軍隊の出動によって撤去作業が進められ、同日17時30分頃から、西広島駅─草津駅間も仮復旧して全線が開通した。
>
> （1960年「原爆投下時の宮島線の被害状況」宮島線乗務員アルバムより）

　当時の緊迫した様子が伝わってきます。被爆当日や翌日の宮島線の様子を示す資料はほとんど残っていません。高須駅付近の架線柱が燃え続けたことや、海岸そばで広島市街との間には遮蔽物《しゃへいぶつ》がなかったとはいえ、宮島駅の駅員が転倒するほどの爆風だったことなども書かれており、本書では必ず紹介しなければならないと思いました。

＊1　省線己斐驛／山陽本線の己斐駅のこと

1）細田民樹「美しき大地」『富士2巻10号』に収録、世界社、1949（昭和24）年

貴重な証言

他にも1975（昭和50）年の広電社内報『輪苑』7月号4ページにも「原爆被災30周年座談会　その時　私は」と題された座談会が掲載されています。

西広島駅を8時15分発の電車を発車係の方が発車させようと片手を挙げ「発車」と言った瞬間、閃光が走り衝撃波と爆風で駅舎は大きく壊れ、社員の多くが負傷し、架線も切れたため電車の運行は停止。現草津南駅付近を走行していた電車の運転士Kさんは、「前後の運転台にあるコントローラーからパッと火が出たため電車に爆弾が落ちたと思い満員の乗客と付近の溝の中に避難。軍事基地だった広島がスパイに見られてはいけないという憲兵の指示で、窓の日除け（木製ブラインド）をおろしており、割れたガラスは日除けに当たったが乗客に怪我はなかった」[2]との証言を残しています。

のちに副社長になった石田彰氏も同じ座談会で「宮島線の方も廿日市変電所にいたIさんと車庫の○さんが、やられた部分の線路（電車線路、つまり架線）を一生懸命切り離して廿日市から送電された。それで、その日の昼頃には草津から廿日市に向けて電車が走り出したと聞いている」[2]と話しています。

2）広電社内報『輪苑』広島電鉄株式会社、1975（昭和50）年7月号4ページ「原爆被災30周年座談会」より。一部個人名は伏せています

被爆から6時間後に部分復旧

先述のように被爆のわずか3日後に走り出した市内線と違い、宮島線は被爆からわずか6時間後の14時頃には部分復旧し、負傷者は無賃輸送。そして翌日の夕方には全線復旧していました。これほど早く復旧していたとは、驚きを隠せません。

そして、この素早い復旧による廿日市変電所からの送電が、己斐～天満町間の運行を可能にしていました。五日市や楽々園、そして廿日市にも救護所が設けられましたが、宮島線が動いていたことで救護所にたどり着くことができて助かった方もいらっしゃるのではないでしょうか。

被爆という未曾有《みぞう》の事態を前にして、ご自身やご家族のことが心配だったはずなのに、復旧に尽力した当時の関係者がいたということを忘れてはいけないと思います。

高いホーム、低いホーム

高さが変化していった面影

開業後しばらくまで、宮島線は床の高い電車だけで運行していたため、床の低い直通電車の運転開始に合わせて、各駅に低床のホームを造りました。当初は工事が間に合わず、乗降客の利用を受けつけないで通過した駅や、強引に高床ホームで乗降客の対応を行った駅もあったようです。

直通電車の運行を始めたことで誕生した宮島線を象徴する「高いホーム、低いホーム」について少し探ってみましょう。

1958（昭和33）年頃の宮島駅（現広電宮島口駅）。1両分の低床ホーム
（写真提供：窪田正實）

変遷の見えるホーム

私が友人などと「廿日市地層」と呼んでいた、旧広電廿日市駅の下り高床ホームの写真をご覧ください（2013年に取り壊し）。

赤い線の層が、広電廿日市駅開業時（廿日市町駅）のプラットホームです。走っていたのは高床電車でしたが、バリアフリーの考えがなかった当時は、電車の外側に踏み板が取り付けてあり（右下写真、赤丸部分）、階段を上がるように電車に乗り込んでいました。

中間の層（黄線）はホームをかさ上げすることで、電車の車外踏み板を撤去し乗り降りしやすく改善された

廿日市町駅（写真提供：窪田正實）

旧広電廿日市駅の下り高床ホーム「廿日市地層」

郵 便 は が き

料金受取人払郵便

広島中央局
承 認

4026

差出有効期間
2026年4月
2日まで

期間後は
切手を
お貼り下さい

7 3 2-8 7 9 0

6 4 4

広島市東区山根町27-2

南々社

「広電宮島線 もっと魅力発見!」編集部 行

□□□-□□□□	ご住所	
		男 女
ふりがな お名前		Eメール アドレス
お電話 番 号	( ) —	年齢	歳
ご職業	1. 会社員 2. 管理職・会社役員 3. 公務員・団体職員 4. 自営業 5. 主婦 6. シルバー世代 7. 自由業 8. 学生 9. その他 ( )	

今回お買い上げの書店名

市区
町村

書店

このたびは、南々社の本をお買い上げいただき、誠にありがとうございました。今後の出版企画の参考にいたしますので、下記のアンケートにお答えください。ご協力よろしくお願いします。

書　名	広電宮島線 もっと魅力発見！

Ⅰ. この本を何でお知りになりましたか。

1．新聞記事（新聞名　　　　　　　　）　2．新聞広告（新聞名　　　　　　　　）
3．テレビ・ラジオ（番組名　　　　　　　　）　4．書店の店頭で見つけて
5．インターネット（サイト名　　　　　　　　）
6．人から聞いて　7．その他（　　　　　　　　）

Ⅱ. 本書についてご感想をお聞かせください。

Ⅲ. 最近お読みになって面白かった本をお書きください。

Ⅳ. 今後、お読みになりたい企画がありましたら教えてください。

南々社Instagram

NANNANSYA_BOOK

ご提供いただいた情報は、個人情報を含まない統計的な資料を作成するために利用いたします。

ときの層です。そして一番上(青線)が、阪急から移籍してきた大型の電車に対応するためにかさ上げしたときのものです。

電車にあわせて変化

ホームの変化はこれだけではありません。全長12m程度の電車に合わせて造られていたホームも、車両の大型化や併結・連結運転に対応するために、延長工事が随時行われました。さらに、直通運転に対応するために、低床ホームを増設することになり、宮島線を象徴するような高いホームと低いホームの2段ホームが誕生したのです。

1980年代半ばまでは、電車の接近を知らせる単純装置しかなかったので、次に来る電車が高いホームか低いホームかわからず、子どもたちはどちらのホームに電車が来るかを競い合ったものでした。その低床ホームも当初は1両分しかなかったため、連結車や連接車の登場で延長工事が必要になりました。その象徴的なものが宮島線開業時の最古参駅・古江駅の下りホームです(左図)。

1991(平成3)年に最後の宮島線専用高床車両が引退し、現在の宮島線ではホームの低床化が進んでいます。高床ホームは商工センター入口(下り)、井口(上り)、広電五日市(下り)、佐伯区役所前(上り)、地御前(上下)、阿品東(上下)にしか残っていません。

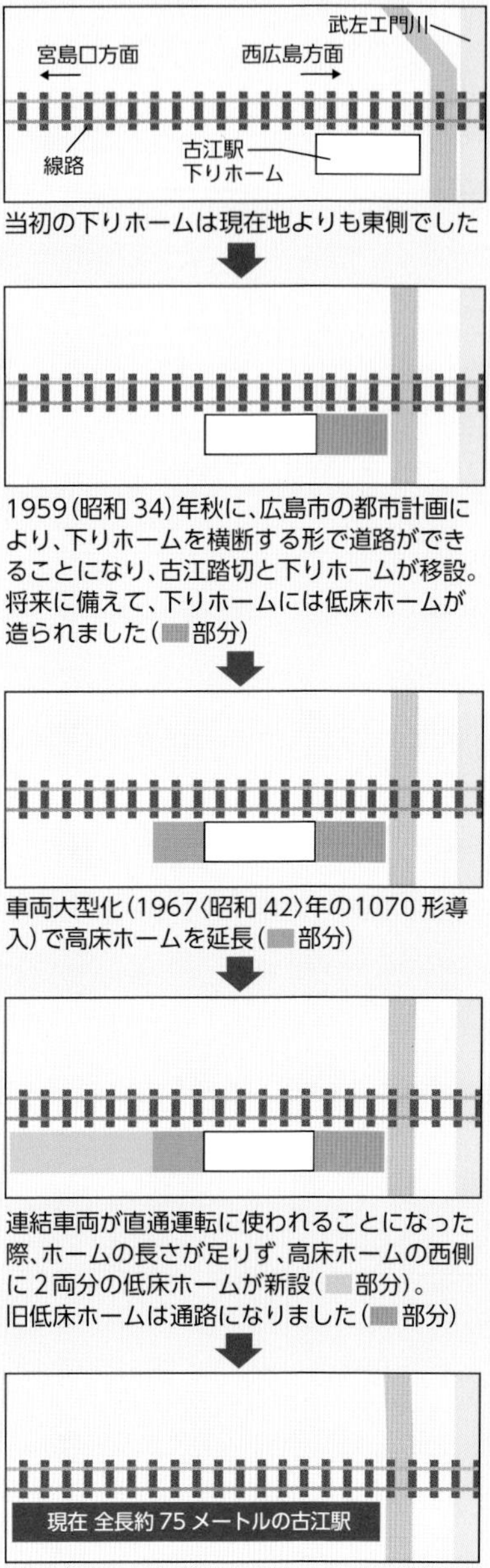

古江駅下りホームの変遷

宮島線最大の「謎」

次の駅に向かう間も気を抜けない！

草津南駅を出発したところで、宮島線最大の「謎」に直面します。「初三郎鳥瞰図」には、荒手駅（現草津南駅）と井ノ口駅（現井口駅）の間に「菊楽園前」駅が描かれています。しかし、これがどこに位置していたのかが謎なのです。

「菊楽園前仮停留場」ができた経緯

鉄道省への申請資料には、「菊楽園前仮停留場」として1926（大正15）年9月に開設申請が出されています。さらに1927（昭和2）年4月には、霧島人形[*1]や納涼場（涼しく過ごせる場所）への便を図るとして「菊楽園前仮停留場」、1928（昭和3）年2月には梅林遊覧客に便するためとして「菊楽園前」、同年9月には「菊香園前」、そして1929（昭和4）年1月には「月見ヶ浜停車場」として、それぞれ開設申請が出されています。

停留場の名こそ微妙に変わっていますが、そのすべての位置が、宮島線の起点より2哩33鎖60節[*2]となり、これは現在の荒手車庫にある大きな車庫建物の西端辺りになります。

当初私は、のちに商工センター入口駅となる場所に開設されていたと考えていたのですが、それよりも200m近く東側ということになります。

32ページにも掲載した、「電車沿線案内」復刻16ページの扇形の写真を見てもわかるように、線路のすぐ横は高い堤防です。堤防のスペースだけで仮設ホームを造るには、場所が足りません。また当然のことながら、山側には上り線があるため、そこに仮設ホームを作れば電車に轢《ひ》かれてしまいます。少ない資料から、「菊楽園前仮停留場」の場所についてもう少し探っていきましょう。

＊1 霧島人形／春に咲く霧島ツツジを使った人形

＊2 2哩33鎖60節／昔の距離の単位「ヤードポンド法」で、メートル式に改めると起点から3.894km

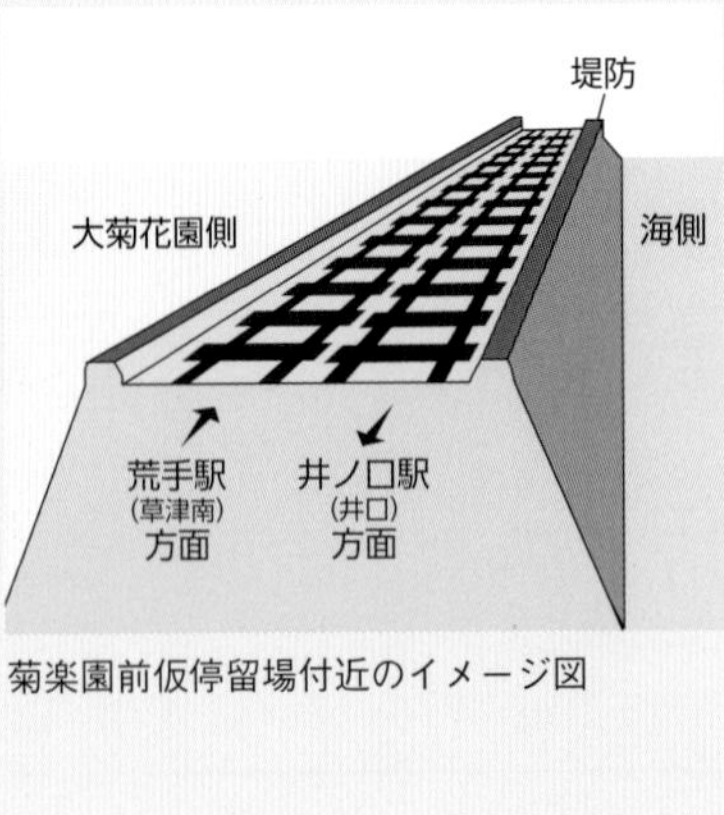

菊楽園前仮停留場付近のイメージ図

集客として必要だった

「初三郎鳥瞰図」には「菊楽園前」という駅が書き込まれ、駅の近くには「大菊花園」という大きな施設も描きこまれています。

「電車沿線案内」によると、「大菊花園」は秋になると園内の菊花が美しさを競い合い、十二段返しの大菊人形は美麗かつ精巧に仕上げられ、秋晴れの清らかな日にはこれを見て楽しみ、観光客を喜ばせるのに最適な場所だったそうです（復刻16ページ）。

菊人形と聞くと、歴史上の名場面を再現したマネキンが菊の服を着ているくらいのことを思い浮かべてしまいますが、当時はもっと大がかりだったようです。「がんす横丁 第1巻」[1)]には「十二段返しセリ上げの大舞台装置も珍しく、忠臣蔵の大序から討入りまでの場面転換は、広島中の人気を集めた」と書かれています。十二段返しセリ上げや場面転換という言葉から、舞台芸術の域に迫るほどのものだったのかもしれません。

広電社内報『輪苑』1955（昭和30）年10月号には、1924（大正13）年より3年間菊人形の行事[*3]が非常に盛況に行われたとあり、そのころ、秋には必ず菊人形展へと広島市および周辺部の人々が集まったと記載されています。実は、当時の菊人形は集客の手段として各地の電鉄会社が主催することも多かったようで、広島においても同様な考えのもとに開催された可能性があります。集客のためにわざわざ設けた「菊楽園前」は必要な停留場だったのかもしれません。ただ、一体どこに存在していたのでしょうか？

「初三郎鳥瞰図」一部抜粋。中央に「菊楽園前」（国際日本文化研究センター所蔵）

＊3　大阪の枚方人形の元祖である浅野菊楽園経営者・浅野善吉の養子、鈴木徳行と、内弟子の大西助太郎、田島庄八の共同経営による広島菊楽園で開催されたと、同社内報の記録にあります

1）薄田純一郎 編、薄田太郎 著『がんす横丁 第1巻』たくみ出版、1973（昭和48）年

「菊楽園前仮停留場」の場所

私の想像ですが、堤防下の海中に

杭を打ち込み、木組みで仮設の停留場を開設したのではないでしょうか（左図）。目前の海にせり出したような仮設ホームだったと考えれば、そ1927（昭和2）年4月の申請で「納涼場」と書かれたのも納得できます。

残念ながら、証明する資料や写真は見当たりませんでした。しかし、

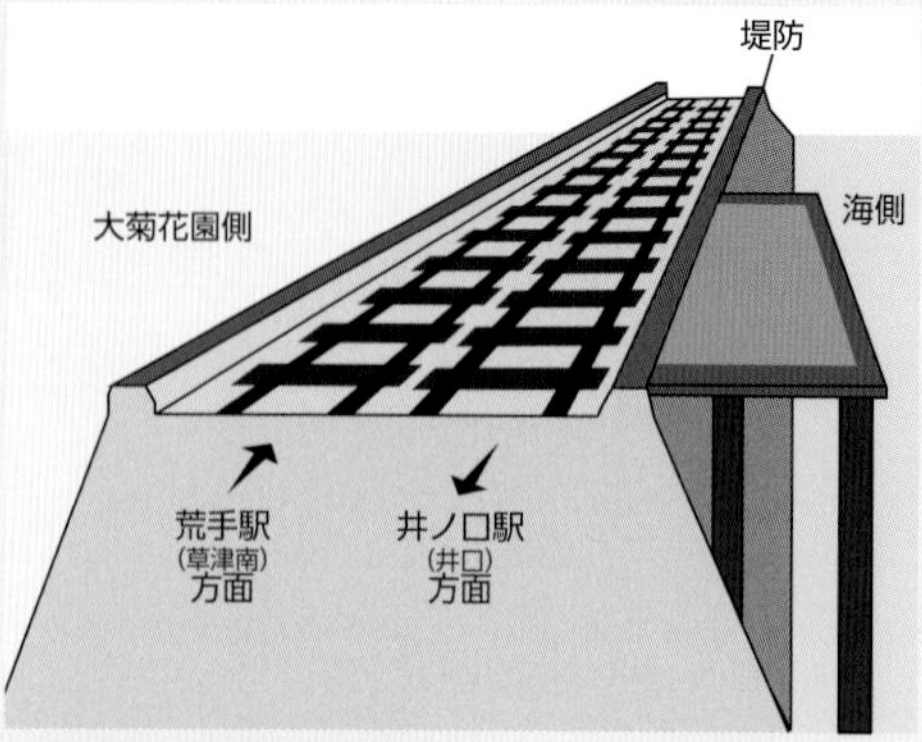

菊楽園前仮停留場の想像図
乗降客がどうやって大菊花園間を行き来していたかはご想像にお任せします

大菊花園の正門を写した写真の奥には、山陽本線の踏切が確認できることから、荒手車庫建物の山側付近に大菊花園の入口があったことがわかります。

「菊楽園前仮停留場」はどこにあったのか、その謎を探ってみるのも楽しいかもしれませんね。

写真の奥に山陽本線西原ヶ尻踏切の遮断棒が見えます
（1927～1928年頃、広島電鉄所蔵）

それにしても、常設駅ではなく仮停留場なのに、「初三郎鳥瞰図」には堂々と駅のように描かれていますね。発行した広島瓦斯電軌としては、路線図としての正確性よりも観光ガイド的な狙いの方が強かったのでしょう。

夏の電車

納涼電車

冷房車が登場したのは1980(昭和55)年でしたので、それまでの電車にはクーラーはありませんでした。

そこで、夏を少しでも乗り切ろうと、1957(昭和32)年夏に、西広島駅～電車宮島駅(現広電宮島口)間で納涼電車[*1]の運行が開始されました。

このときの納涼電車は、西広島駅と電車宮島駅との往復運行でした。

当時の電車宮島駅は、1番ホームのすぐ横が海で、駅構内海側にビール会社やホテルが提携し、京都鴨川の川床のような屋根つきの納涼台を設置して150人分のテーブルや椅子を置きました。乗客は電車宮島駅到着後、夜の宮島や浴衣発表会などのアトラクションを鑑賞しつつ飲食を楽しみました。

*1 納涼電車／車窓から吹き込む風や海辺の納涼台で涼しさを感じられるよう企画された電車

夏を涼む欲張りなコース

さらに1958(昭和33)年の納涼電車は「新納涼コース」と名づけられ、コースに参加する人々は宇品港20時発別府行き定期航路に乗船、宮島に20時55分到着し上陸。約30分後に、21時30分発の松大船で宮島口に向かい、納涼台ではジュースが提供され、その後すぐ、電車宮島駅を22時発の850形電車(現350形電車)に乗車して宇品に向かうという、慌ただしいコースでした。

なお、宮島線内はノンストップの急行運転で、市内線は各電停に停車し、終点の宇品には23時1分に到着していました。

暑い車内の乗り越え方

では、クーラーも納涼の工夫もない通常の電車に乗る乗客は、どのようにして暑さを乗り越えていたのでしょうか。

その頃の電車は、側面だけでなく正面の窓も大きく開けており、文字通り「全開」でした。せっかくセットした髪もボサボサになってしまうこともあったようです。

雨天時に窓を閉めると、車内は蒸し風呂状態になるので、通風口や少しだけ開けた窓からの風だけでなんとか耐え凌いでいたようですが、苦肉の策として涼やかな香りを生み出す「香水発生装置」を搭載したこともあったようです。もっとも、効果のほどはわかりませんが。

復刻本の広告はおもしろい

本書の後半に復刻している広島瓦斯電軌発行の「電車沿線案内」。復刻本文の後には100を超える数の広告が掲載されており、縮小していていますが今回こちらも収録しています。サラリーマンの名刺のような屋号と名前だけの広告も多く、縮小しても伝わると思ったからです。

「電車沿線案内」の発行は1926(大正15)年。時代とともに消えてしまったものもあれば、現在も脈々と歴史を重ねているものもあります。

100年前の広告の楽しみ方として、こんなのはいかがですか？

ポンプの広告

猿猴橋町《えんこうばしちょう》電停(2025年の駅前大橋線開業と同時に廃止予定)近くの歩道に、「被爆ポンプです 残してください」と書かれたプレートが下がっている手押しポンプがあります。ポンプの側面には「津田式ケーボー号」と刻印されています。

ケーボー号は大ヒットして全国に普及した手押しポンプですが、製造した津田式ポンプ製作所は広島の会社で、1920(大正9)年に創業しました。

津田式ポンプはまだ
創業6年目

「電車沿線案内」に掲載されている広告(復刻 広告15ページ右下)を見ると、創業からまだ6年しか経っておらず、ケーボー号はまだ世に出ていないのか、手だけでなく足も使うタイプの大きめなポンプを少年が操作していますね。製品説明欄をよく見ると「『ラセン』の使用もなく」と書かれています。

津田式ポンプは大気圧を利用した昇進式といわれるポンプです。ラセンとは古代ギリシャの哲学者アルキ

被爆ポンプ(撮影：来得研治)
このポンプで助かった人もいたのでしょう

メデスが考案したとされるアルキメデスポンプのことで、回転するドリルのような構造で水を汲み上げる方式です。いまでもコンクリートミキサー車で使われています。広告では、それよりも優れていることを伝えているのがよくわかります。

銀なべの広告

次は、復刻 広告1ページ左下の「銀なべ」について見ていきましょう。『己斐公民館30周年記念誌』（己斐公民館運営委員会、2009（平成21）年）には、昭和10年ごろ、「己斐駅界隈は大変な賑わいで、『金なべ』をはじめ多くの料亭があり」と書かれています。

また、1954（昭和29）年の広電社内報の回顧記事（4月号4ページ）には、戦前に皇室の方が宮島線に乗られる機会があり、とても緊張して乗務したが、終わった後に慰労として会社の重役と「己斐の金なべで宴席が設けられた」と書かれており、己斐の料理屋として知られていたのは、「銀なべ」ではなく「金なべ」だったことがわかります。

己斐に「銀なべ」というお店があったという内容は、この「電車沿線案内」の広告にしか見つかりません。もしかしたら己斐には「金なべ」と「銀なべ」に2軒があったのかもしれませんが、それを示す資料には出会えませんでした。「銀なべ」というお店は、いったい何だったのでしょうか？

肝心の「銀なべ」広告には「御料理並ニ會席」と書かれていることから、料理屋であることはわかります。よく見ると最後の行に小さく「銀なべ事（ほてい屋）」とも書かれていることから、「銀なべ」よりも前に、「ほてい屋」という店を経営していたのかもしれないと推測できます。

同『己斐公民館30周年記念誌』には、「金なべ」の料理は、店の主人が「大阪に出掛けた折に、見かけた『銀なべ』にヒントを得て、金の鍋で料理を出すことを考案した」と書かれています。すでに己斐で営んでいた「ほてい家」を「銀なべ」として営業していたあと、何らかの事情で「金なべ」に改名したのではないでしょうか。

もちろん、私の勝手な推理であって見当違いの可能性もありますが、それを含めても、100年前の広告から考えを巡らせるのは楽しいものです。ただ、広告ページの復刻で「なんだ、本文よりもこっちの方が面白いじゃないか」と思われないかが心配です。

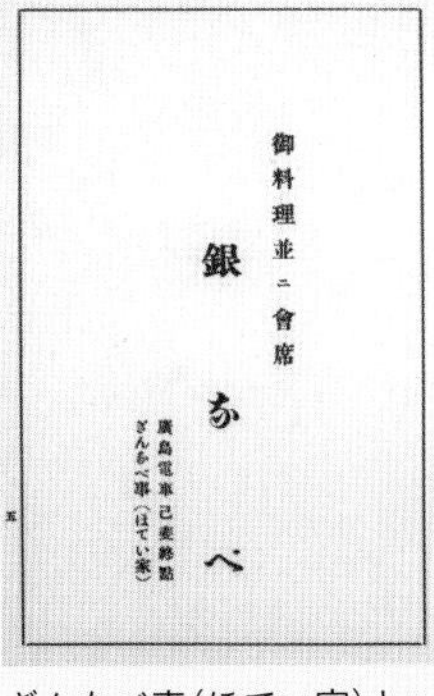

ぎんなべ事（ほてい家）と書かれています

鳥瞰図の見どころ

遠く目を凝らすと

本書の巻末に復刻している「初三郎鳥瞰図」は、1928（昭和3）年に発行されました。遠景は大きくデフォルメされていますが、富士山や四国の石鎚山が描かれ、はるか朝鮮半島の釜山もあれば、帝釈峡や三段峡、そして錦帯橋も見えます。呉に市電は描かれていませんが、阿賀から長浜港へ伸びる線には「藝南軌道會社《げいなんきどうがいしゃ》」と書かれています。

一方で広島市街や宮島線沿線と宮島は丁寧に描かれており、当時を知るためのヒントを各所に見ることができます。ぜひ、じっくりご自分の目でご覧ください。

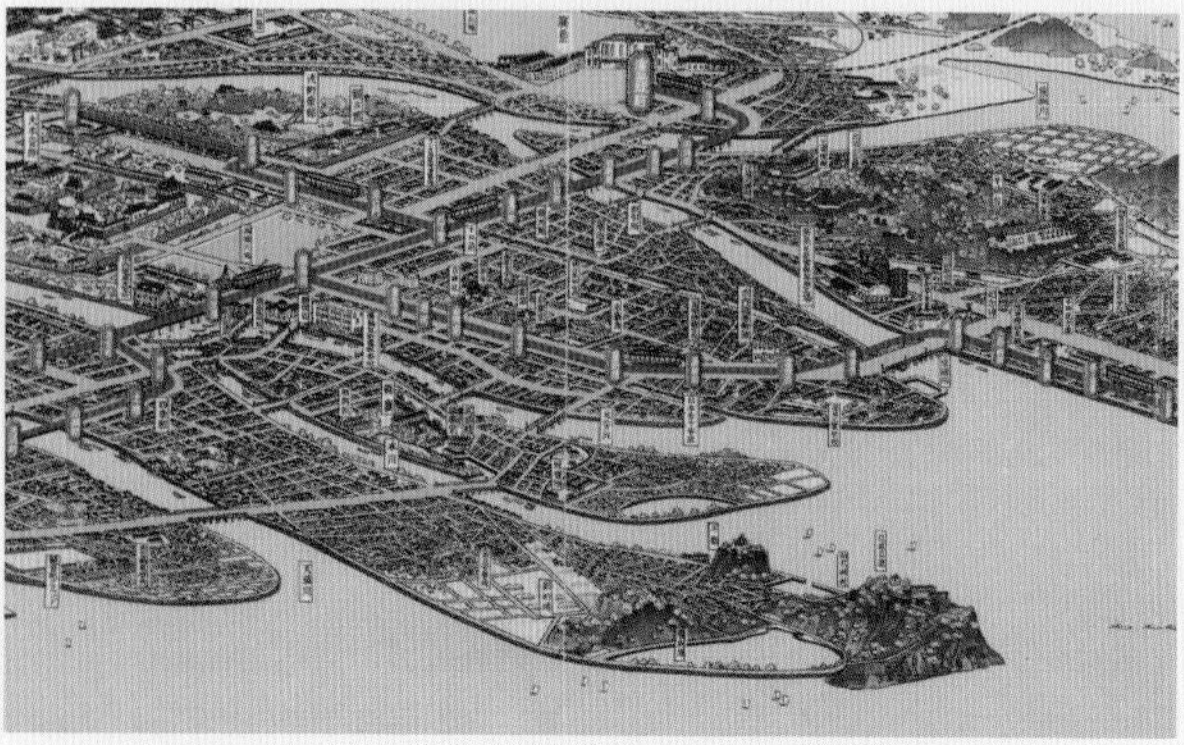

「初三郎鳥瞰図」広島市街あたり抜粋（国際日本文化研究センター所蔵）

●広島市街
・宇品島にはレジャー施設「別世界」
・桜の名所だった長壽園や大芝公園
・江波の皿山に向かって斜めに描かれた道路と射的場（陸軍射撃場時代の街路は現在も残っています）
・大型被爆建物の被服支廠《ひふくししょう》
・市内電車の宇品へのルートが旧ルート
・皆実線（比治山線）や江波線は未整備
・白島線も京口門通りを走り、泉邸（縮景園）近くでクランク状に線路が敷かれている
・左官町から堺町を経由
・横川駅ではなく三篠が終点
・場所や名前が違う電停
・可部線も横川駅からいまと逆向きに伸びている
・軍関係の施設が多い

●宮島線沿線
・庚午新開は原っぱ？
・民家は描かれていない
・五日市海老山の東は海
・沖にあまんじゃく伝説の津久根島
・廿日市の桂公園が海に面している
・パラダイス温泉と廿日市町グラウ

ンドの位置関係がわかる

・宮内駅（移設される前）の下りホームから登った先にある藤掛尾公園の桜
・新宮島駅そばに火立岩と火立山
・毛利元就と陶晴賢の厳島合戦関係が多い

……いかがでしょうか。100年前にタイムスリップできましたか？

ガイドブックも記憶の宝庫

鳥瞰図がガイドマップなら、その裏面はガイドブックの役割になっており、のちに原爆ドームとなってしまう物産陳列館の写真もあります。井口海岸と題された写真も、ずいぶん思い切ったアングルで撮影されていますが、いまとなっては貴重な資料でもあります。

地御前神社附近とされた写真も、しっかりと電車が写っており、撮影者は宮島線撮り鉄第一号といえるのかもしれませんね。

新宮島の写真では連絡船と桟橋の様子がわかります。

大野海岸と題された写真は、現在の広電宮島口駅から1㎞ほど西の深江湾にある夫婦岩の「鼻繰り島」です。鳥瞰図では火立山の火の文字の上の位置にあたります。鼻繰り島に安置されていた観音像は、島の東にある岬に「子持ち観音」（明治期につくられた観音像の胸部に抱かれている）として今も厳島神社に向かって水難と平和加護を祈っています。

今とは違う広島を感じて

裏面の冒頭には、謹告として「宮島線は廣島市の西端己斐町より」と書かれています。

当時の己斐は、まだ佐伯郡己斐村で広島市の西のはずれに位置していたということです。高速度ボギー電車という表現は、宮島線を新しい乗り物としてアピールしているのでしょう。

「沿線年中行事」や「廣島名物」も、ありがたい情報です。この時代には、お好み焼きも、汁なし担々麺も、広島カープもありません。意外な「廣島名物」もあれば、縫針と書かれているのは今もあるあの会社のことかなと思いを巡らせることもできます。

裏面の最後に「絵に添えて一筆」と初三郎氏が語るのは、まさに昭和初期の広島の風景。鳥瞰図と裏面の案内は、昔の広島を知り、現在の広島をあらためて大切な街として感じることのできる、とても重要な宝物です。

これら復刻資料がなければ、わからなかったことが山ほどあります。忘れ去られてしまったかもしれない価値のある情報の宝庫です。

発行元である広島瓦斯電軌には本当に感謝しかありません。そしてなによりも、宮島線に関する情報はまさに第一級資料の塊でもあるのです。

【著者略歴】

中田 裕一（なかた ゆういち）

廿日市市在住。2022 年に退職するまで 35 年間、広電宮島線の運転士として乗務。在職中に、旧広電廿日市駅舎の解体を通して宮島線の歴史に興味を持つ。現在は宮島線歴史たずね人として活動しながら、宮島線や公共交通について発信中。

【お世話になった方々】（敬称略・順不同）

中尾正俊	栗栖俊泰	富永篤	河府清志	谷口行雄	砂田洋明
田辺栄司	やまもとのりこ	塩田ひとし	楠勲二	楠義雄	下前裕美
相原政幸	窪田正實	来得研治	前田優衣	福	
路面電車を考える会		広島電鉄株式会社		南々社編集部	

本書の編集にあたり、各施設の皆さまには資料のご提供など、多大なるご協力をいただきました。厚く御礼申し上げます。

本書を通して、宮島線がもっともっと身近になることを願っています。

＊写真の著作権者について、その所在を探しましたが見つからない方がいらっしゃいました。著作権者ご本人または関係者の方がいらっしゃいましたら、ご連絡のほど、よろしくお願いいたします。

■装　　幀　スタジオギブ

■イラスト　イロハ アヤ（イロハ図案工房）

［表紙カバー・本文］

■本文DTP　大原 剛　角屋 克博

■図　　版　岡本 善弘（アルフォンス）

■編　　集　前田 優衣

【復刻資料】

・『廣島市内宮島線電車沿線案内』1926 年（電車沿線案内）、広島県文書館所蔵

・『宮島廣島名所交通圖繪』1928 年（初三郎鳥瞰図）、国際日本文化研究センター所蔵

ともに廣島瓦斯電軌株式会社（現広島電鉄）発行

広電宮島線 もっと魅力発見！

2024 年 4 月 14 日　初版第一刷発行

2024 年 9 月 24 日　初版第二刷発行

著　　　者　中田 裕一

発　行　者　西元 俊典

発　行　所　有限会社 南々社

広島市東区山根町 27- 2

〒 732-0048

電　話　082-261-8243

ＦＡＸ　082-261-8647

印刷製本所　株式会社 シナノ パブリッシング プレス

ISBN978-4-86489-169-1

廣島市内
宮島
線
電車沿線案内
廣島瓦斯電軌株式会社

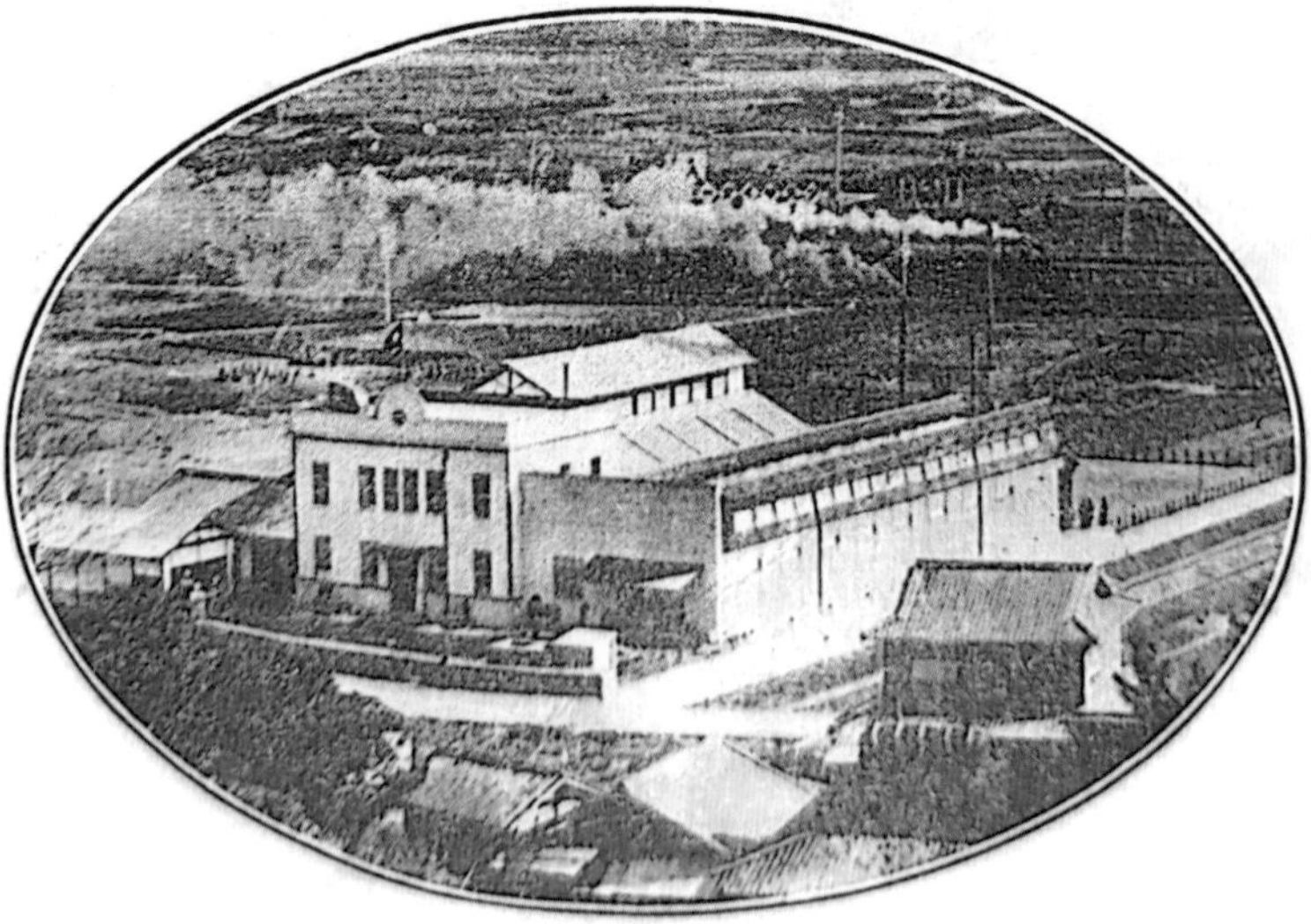

廣島市內及
宮島
線沿線案內

廣島瓦斯電軌株式會社（市内大手町三丁目）

新宮島棧橋（宮島線）

紙屋町停留場（市内線）

はしがき

廣島瓦斯電軌株式會社經營の電鐵は一は軌道として中國の大都廣島市内を縱横に縫ふて運輸交通の衝に當り一は鐵道として市の西端己斐町より西南に延びて風光明媚なる瀬戸内海沿岸の地を走り山姿水容天下に絶景を讃へらるゝ嚴島に風雅行樂の客を送る而して車輪の印する所隨所名勝史蹟に富み曳杖の地少なからず今序を追ふて寫眞と共に各所の勝域を紹介せんとす此書紙數に限りありて細微を盡す事能はざれどもせめて探勝の一助ともならば編者の欣幸とする處なり

尚本書編纂に當り佐伯郡内有志各位の御援助を賜りたるは深く感謝する次第なり

大正十五年秋

編者識

目次

市內線之部

船車連絡宮島線之部

廣島瓦斯電軌株式會社經營電車沿線案內

▼市內線之部

【廣島市概觀】天正年間毛利氏居城を築きしより以來福島氏、淺野氏相次ぎ明治維新に至るまで城下町として發達し土地閑雅にして繁盛に商工業日に月に進み現に山陽第一の大都市として中國の大坂と稱せられ三篠川の清流縱橫を貫流し水淸くして水鄕ベニスの觀あり市內電車は廣島、己斐、橫川の三驛及び宇品より出でゝ蜿蜒市內の各要區を縫ひ其間に點在する名勝舊蹟數多し今杖を曳いて之を索むれば廣島の港口宇品港は市の南方にあり世界の公園と稱せらるゝ繪の如き瀨戸內海に臨み古代原始林宇品島の靑巒は前方靜かに橫はる、

港內水深くして大小の船舶常に輻輳し海內有數の良港にして陸軍運輸部の設けあり、明治十七年、時の縣知事千田貞曉氏、此地水淺くして四方の船舶出入に苦しむを深く憂へ同年九月工を起し年を經る事五年、資を投ずる三十余萬圓を以て竣成せしめたるものなり、と

明治二十七八年戰役の際大本營を廣島に進めさせ給ひし時、軍隊、兵器の輸送を司り其後北淸、日露の兩役軍事要港として益々其眞價を認めらるゝに至りたるは今も尚世人の記憶に新なる處なり、

明治十八年明治天皇御巡幸の際此港を經て還幸し給ふ、因て御通輦の道路を御幸通と名づけ埠頭御乘船の跡に松樹を植えて紀念とし御幸松といふ、

御幸通を北すれば千田氏の銅像戰捷紀念碑等あり、兵器支廠被服支廠專賣局等の

大建築相接し其間を縫ふて省線宇品線敷設せらる、近海には海苔の採取「かき」の養殖盛に行はれ殊に「廣島かき」の名は海内第一の稱あり、

明媚なる二葉山は市の東北隅にあり山麓を繞つて騎兵第五聯隊東照宮旌忠碑忠魂祠堂鶴羽根神社明星院二葉公園饒津神社招魂社等の名勝相連なる、

饒津神社は縣社にして舊廣島藩主淺野家の祖長政幸長長晟三公の靈を祀る、天保六年松平齊肅の建立にかゝり社殿の結構壯重を極め境内幽雅にして櫻樹老松枝を交へ四時遊賞の客絶えず。

市の中央には廣島城址あり、毛利輝元吉田の狹隘なるを患へ黑田如水の設計に遵ひ家臣二宮就辰を奉行として天正十八年正月工を起し文錄二年竣成せるものなり、己斐の海上に築城せるを以て己斐の城といひ同音鯉に通ずるを以て鯉の城又は鯉城と稱せらる、慶長五年福島正則城主となるや其一部を修築し元和五年淺野長晟城主となりしより子孫傳承十二世、年を歷る事二百五十三年にして明治維新となる、維新後城內陸軍用地となり破却又は改築して舊態を失ひたるも天主閣、內濠等今尙ほ存す天主閣は五層にして基礎東西十二間、南北九間、高さ十七間六尺ありといふ、

周圍に陸軍兵舍及舊本丸の北には大本營跡あり、明治二十七八年の戰役舊本丸址にありし師團司令部を以て大本營に充て同年九月十五日より翌年四月二十七日迄 明治天皇蹕を駐め給ひし處なり、行宮嚴然當時の樣を保存し一般國民の拜觀を許さる、

廣島城　　齊藤誠軒

豪門墅別占林邱　翠樹朱棚映水流
宴罷半宵人散盡　月高四十八城樓

廣島大本營　　淺野長勳侯

上　舊御便殿
中　大本營跡
下　宇品灣

上　廣島城址
中　饒津神社
下　淺野泉邸

証討元來非本意　天皇一怒戒同盟
仰欽威德耀千古　大纛轉移廣島城

廣島城の東に泉邸あり淺野侯の別邸にして元和六年淺野長晟侯の創設なり俗に御泉水を稱す、支那西湖の景を摸したるものなりといふ依て縮景園の名あり、園內に濯纓池、清風館、祺福山、跨虹橋超然居、白龍泉、明月亭、水心島、小蓬萊、楊柳灣、悠々亭、迎暉峯、櫻花巷、映波橋、昇仙橋、重春橋、銀河溪、有年場、看花橋、香茶圃、靈邇壇、烟霞島、臨瀛岡、弄雲橋、古松溪、綠蘋洲、蒼雪島丹楓林、菊花瀾、覩瀾橋、流芳軒、等の名勝あり多趣高雅名園を以て聞え岡山後樂園と並稱せらる、遠來の士にして觀覽せざるもの稀なり隣接して淺野觀古館あり淺野侯の家寶を陳列し一般偶數日に觀覽を許さる、

題縮景園　　賴春水

園莊春已遍　無物不怡顏
日照櫻花巷　煙籠楊柳灣
流鶯呼友囀　立鷺狎人閑
東上山峯望　蓬瀛指掌間

城の南に練兵場あり其南方二筋目は市の繁榮地革屋町横町等にして大小の店舖庇を接し人車の往來織るが如く革屋町を東すれば新天地に到る、新天地は市內の熱鬧地にして諸興行物、遊樂場、軒を並べ一大歡樂境をなせり、練兵場より南して小町に出づれば國泰寺あり鳳來山洞雲院と稱し曹洞宗の古刹なり、豐臣秀吉の開基にして僧惠瓊の建立にかゝる、境內に老楠櫻樹あり、大石良雄の室及息の墓碑、安國寺惠瓊供養の塔等あり其西隣の白神社には伊邪那伎、伊邪那美、菊理毘賣の三神

を祀る、比治山公園は市の東部高燥の地を占め眺望頗佳にして月に花に叉雪に四季折々の眺盡きざれど殊に「つゝじ」の美觀に至つては他に其比を見ず、山形虎の臥するに似たるにより雅人之を臥虎山をもいふ山の南端に陸軍墓地あり軍人軍屬戰死者の墓標累々として其數幾千なるかを知らず其山下に廣島縣立師範學校、電信第二聯隊等あり山の北端なる高臺に到れば舊御便殿あり、明治二十七八年戰役の際廣島に開かれたる臨時帝國議會の假議事堂內御便殿の下賜を得、此處に宮殿型なる上覆の建物を設けて其中に移したるものなり、明治四十年之を建て紀念殿とし、御眞影を奉置す御座御物等當時の狀を偲ぶべし其山麓にある神社を比治山神社といふ、

堂宇の廣大市內に冠たる本願寺廣島別院は市の北部三篠川邊に巍然として聳ゆ、元佛護寺と稱し天臺僧正信の建立なり明治四十一年四月より今の名に改めらる此附近を寺町と稱し大小數多の寺院堂宇を接す、

三篠川を下り相生橋畔に到れば商品陳列場あり市內外の物產を陳列し市の情勢を窺ふに足る、

眺望絕佳の江波公園は市の西南端にあり附近は汐干狩の名所にして中春より夏時にかけ來遊するもの甚多し、

名勝を探り舊蹟を索ねて終點己斐に到れば宮島行電車は汽笛を鳴らして客を待つ、其沿線の風光亦佳にして尙隨所史蹟名勝に富み一石一木皆雅趣を帶びざるものなし、更に步を延して其勝を探らんかな

發廣島　　梁川星巖

一席淸風百里程　恍然疑尙在離亭
衣江州上故人酒　晚到塔門仍未醒

上　國泰寺
中　廣島別院
下　商品陳列館

廣島高等師範學校

新天地

廣島本通

最新式郊外用ボギー型快速力電車運轉

▼船車連絡 宮島線之部

己斐町より

高須
古江
草津町
荒手
井ノ口
五日市町
隅ノ濱
廿日市町
宮内
地御前
新宮島
嚴島（機船連絡）

まで

宮島線電車

連絡機船

宮島線己斐町驛

己斐町驛　始發驛

【己斐町】廣島市の西部にあり己斐橋を以て市と分つ廣島市內電車の終點にして宮島線電軍の始點地なり、地味花卉盆栽に適し、之が栽培に從事するもの多く其名を海外に知らる、

往古神功皇后筑紫の熊襲征伐に際し此地船着といへる處に船を止めさせられ旭山に登られ給ひし處縣主大なる鯉を奉りければ皇后殊の外嘉し給ひ縣主を呼んでこひ、こひと仰せ給ひしより遂に地名を鯉と稱するに至り後世之を改めて己斐といへるなりと、町內四時花を以て包まれ淸燥の地なるを以て紳士、豪商の別莊を設くるもの多く電車の起終點となるに及び著しく發展し己斐中學校、第一印刷株式會社等あり、

羊羹大石餅は此地の名物にして大石餅は草津町大石の支店なり品質佳良風味高尚且腐敗せざるを以て內地は勿論海外迄も其名高し、附近の山は松茸の產地として知らる、

楓　溪

絶佳園の櫻

【旭山神社】 己斐町驛より西南二町神功皇后及應神天皇を祀る此地の產土神と仰ぎ尊めり同社華表額面は有栖川熾仁親王の御染筆なり

【絶佳園】 神功皇后三韓御征伐の途次こゝに御野立ありし跡なりといふ、樹齢尙しからざれども櫻花爛漫の交宛として吉野山千本の觀あるを以て俗に小吉野と稱し杖を曳くもの甚多し、

【楓　溪】 己斐町驛より西八町の處にあり楓樹數百株の間に岩走る、滾々たる溪流は岩塊に碎け淙々として樂の音を奏し地閑靜にして俗腸を洗ふに足る近來雅人に知られ春秋來り遊ぶもの多し、

【農事試驗場】 己斐町驛より西三町、明治三十五年五月創設せられ各種の試驗に從事したるが明治四十三年四月本場を加茂郡西條町に遷し己斐分場と改稱し專ら蔬菜柑橘類を除く果樹園藝に關する試驗及養鷄、種苗、種禽種卵の配布を行ふ一般の縱覽を許可せらる、

己斐町より宮島行電車に乗れば省線鐵道線路に並行して直路高須停留場に到る、

己斐暮烟　林春齋

己斐山頭晴日好　暮烟主處亦彌奇
山靈主靜烟光動　世態尋常聖得知

高須停留場　己斐町より二分半

【高須桃山】高須驛より北二町桃花を以て關西第一の稱あり安藝の小富士を一眸に收め眼前の風光極めて佳なり陽春の候山内到る處に賣店を設け遊客の便に供せらる、無花果の産地として名を知られたる古江を過ぎ尚も直行すれば人家疎に並ぶあたり草津町驛あり

草津町驛　己斐町より六分半

【草津町】草津町は往昔軍津(いくさつ)

農事試驗場

高須桃山桃の眞盛り

慈光寺

と唱へられ常に軍港たりしが如し、神武天皇東征の途次神功皇后の三韓征伐のとき或は源範頼平家追討、足利義滿九州下り又は豐公嚴島社參の時、毛利元就嚴島合戰の時など何れも史上に名を知られたる地なり、廣島鯛として天下に賞味せらるゝもの草津を以て主產地とし其產額十數萬圓に達す、又魚類の集散地にして廣島に供給するもの概ね此地より出づ名物

大石餅本店亦こゝにあり

【草津城址】 草津町西端にあり築城の時代詳かならず毛利元就の重臣兒玉周防守就方以後三代の居城なり此處昔より海陸要害の地として重視せらる嚴島合戰の時に於ける策源地として史上に名高し、毛利氏山口に移封せらるゝに際し解城す今に城門の金具等を存す、

【海藏寺】 草津町より北二町の處にあり曹洞家の古刹にして開基詳かならず永正年中僧立夼中興す觀音堂の本尊は行基菩薩の作なり境內より內海の島嶼を眼下に眺め風光頗る佳なり、

【草津妙見宮】 草津驛より半町普門山慈光寺境內にあり今を去る二百數十年前寶永七年の夏周防灘の海中より出現の靈像を安置せり厄除開運の神として衆庶の信仰厚く遠近の賽者年と共に多し每月一日、十五日を縁日とし正月十五日並に五九兩月の一日に大祭を行ふ

海藏寺

海藏寺庭園

【明治天皇御遺跡】　當町小泉氏邸内にあり明治十八年八月明治天皇御西巡の時御駐蹕あらせられ又同廿八年四月、昭憲皇太后嚴島行啓の途次にも御駐蹕あられし所にして御下賜の松樹繁茂せり、玉座の跡には紀念の碑を建て其聖蹟を存す尚皇族貴顯の御立寄ある事數次にして園内紀念物甚多し、碑後に長松あり舊藩主淺野長勳侯の手植なり

【海水浴】　海岸一帶は氣淸く夏時海水浴の好適地なり、設備完備し避暑浴客頗多し、

附近に水產試驗場、養蠣紀念碑等あり

此附近に至れば沿線の景色漸く展開し海岸に沿ふて白砂靑松山水明媚の間をげに乘り心地よき電車にて快走すれば瀨戸内海の一大パノラマを見るが如く誰か双手をあげて快哉を唱へざるべき

荒手停留場　己斐町より八分半

【梅　山】　荒手停留場より北一町前面は廣島灣の絕景にして天保五年の開園にかゝる梅樹全山を蓋ひ

明治天皇御駐蹕の跡

荒手海岸海水浴の好適地

花時の眺めは內海の美景と相待つて觀賞措く能はざる處なり、

草津觀梅　　山田十竹

斗酒双柑興杳然　吟朋圍座野梅前
春風爛醉君休怪　不見斯花十五年

【大菊花園】　梅山山麓三千坪の地に大菊花園あり秋高肥馬の季に至らば園內の菊花互に艶を競ひ十二段返し大菊人形は美麗と精巧を極め遊覽の客を悦ばすべく秋晴れの清遊には好適の場所たるべし、

內海の風光を恣にし更に西南に直行すれば山海相接する處井ノ口停留場あり

井ノ口停留場　己斐町より十一分半

【井ノ口海岸】　停留場附近一帶は沿線中屈指の景勝地なり海濱に一孤島あり巖上の老松彬として緑の色を波上に映ず山腹に小祠あり

小己斐明神と呼び海中に鳥居を浮む賴山陽嘗て此地に

遊び嘆賞措かず遂に一詩を賦す雲影濤聲仙境に遊ぶの思あり殊に仲秋明月の觀賞に至つては謠曲の「綠樹かげ沈んで魚木に登る景色あり月海上に浮んでは兎も波を走るか」を目のあたり見るべし、路傍に道路改修紀念碑あり題して

宇眞安く行かふ道をつくりしは
濱の眞さごのつきぬいさをや
男爵 千家尊福

この歌は明治九年七月千家尊福大教正嚴島詣の時此道を見て人々の功績を感賞のあまり詠まれたるなりと是亦一景を添ふるの感あり

電車は井ノ口停留場を發し八幡

梅の眞盛り

梅山

川鐵橋を一瞬にして過ぐればやがて五日市町驛に着す

五日市町驛　己斐町より十五分

【五日市町】　元嚴島神領地たりし地にして毎月五日を以て市場を開始し近郷より集り商ひしにより五日の市と稱へしが始まりにて遂に五日市なる村名となり明治四十三年町制を施行し五日市町と稱す元製塩を以て知られたるも近時全廢せり

宮島行電車の中間驛に當る

【海老公園】　驛より南一町海濱を繞れる海老山一帶の地域なり、奇岩重疊、苔滑かに浪近く逼り老松枝を垂れて千年の翠を映ず、前方嚴島の青巒に對し能美、那沙美の大小群島點々羅列して眺望甚佳なり、夏季海水浴場として有名なれども春の霞、秋の月亦捨て難き趣あり、

井ノ口海岸

三筋川の鐵橋を渡れば隅ノ濱停留場あり左方遙かに內海の青波を眺めつゝ尙も走れば廿日市町驛に達す

廿日市町驛

己斐町より二十二分

海老公園

【廿日市町】往古旗の浦と稱したるが五日市に對し每月二十日を以て薪炭米鹽の交易市場を開始し殷賑を極めたるにより人呼んで廿日市といへる町名出づ、德川氏の世參覲交代の制布かれてより西國大名の驛路に當り人家益々增殖したりしが德川幕府長州征伐の師を動かしてより會津の

涼しい海水浴

兵郡内に進入し近郷一圓忽ち戰場と化し人家悉く兵火に罹る、王政復古の聖代に會してより遂に今日の市邑をなすに至れり。

【桂公園】　廿日市町驛より東南五町毛利元就の臣桂元澄の居城たりし櫻尾城址にして弘治元年十一月元就が陶晴賢を嚴島に討ちて此處に引上げ晴賢の首實驗を行ふて盛大なる凱旋式を擧げし名蹟なり、故桂太郎公爵は祖先元澄の居城たり又戰史上の名蹟地たる櫻尾城址の荒廢を嘆き全山を買收して之を當町に寄贈せり故に桂公園といふ。

【極樂寺山】　廿日市町驛より北三十町海拔三千二百尺縣下有數の高山なり、山頂に眞言宗の名刹極樂寺あり安置する處の千手觀音菩薩は天平三年行基大僧正の作にして後弘法大師觀音の古像を修飾し再び開眼せられたるものなりといふ。

本尊の外に不動毘沙門の像あり像は弘法大師の作なりといふ山號を不見上山と稱ふ、その扁額は後

桂公園より極樂寺山を望む

後鳥羽上皇御染筆の扁額

極樂寺

鳥羽上皇の御染筆なり、山頂に大池あり蛇ノ池といふ冬季結氷の厚さ二尺に餘る蓋し關西屈指の大スケート場たり其他夏は避暑秋は滿山の紅葉等四季に亘る自然の風光と相俟つて、この靈山の大自然の靈氣に浸り身心剛健の氣を養はんと學校其他諸團体四季を通じて登山するもの多し。

桂公園

極樂奇峯　　林　春　齋

一山屹立蓮朱開　直下南溟雲漠々
阿彌觀音易地不　極樂峯是補陀落

【洞雲寺】 驛より北四町長享元年嚴島大宮司職藤原教親の建立にかゝる曹洞宗の名刹にして開山は僧金剛和尚なり。陶晴賢佐伯興藤、桂元澄、毛利元清等諸名士の墳墓あり、境內に靈水あり金剛水といふ蒼翠滴らんとする巖間より湧出する清泉なり毎年五月八日を以て釋尊降誕會大緣日を行ふ遠近より參拜するもの多く門前市をなす、寶物の見るべきもの亦少なからず。

【正覺院】 驛より東南二町、篠尾山の上にあり大平年間行基菩薩の開基にかゝり眞言宗の名刹にして本尊は不動明王を安置す、院內役行者堂、大師堂、毘沙門堂あり境內廣く內海の眺望に富み山內櫻樹頗

洞雲寺

陶晴賢の墓

る多く春季杖を曳くもの甚多し毎年舊正月初寅祭には參詣するもの殊に多し。

【清水瀧】巨巖聳ゆる處三丈餘の水簾を垂れ飛沫四邊に玉散して夏尚ほ寒し驛より北十町餘

【國幣中社速谷神社】驛より西十五町平良村折畑山東麓にあり。

飽速玉命を祀る命は成務天皇の朝安藝國造に任

正覺院

國幣中社速谷神社

速谷神社大鳥居

常國寺

せられ當國一圓を統べ給ひし國家の功臣にましまし神威高く大正十三年十月國幣中社に列せらる。

社殿、神苑共に明治神宮造營技師の設計に成れるものにして規模大ならずと雖も恰も明治神宮の面影あり模範官社として關西に名高し境內大鳥居の扁額は有栖川熾仁親王の御染筆なり。

附近の見晴山に登れば日本のゼネバ宮島灣の絶景双眸に收まる殊に見晴山の秋月に至りては速谷川の奇岩可愛川畔の梅櫻、小富士の朝霞、神苑の時鳥、宮島灣の漁舟、西蓮寺の晩鐘、極樂寺山の暮雪と共に

【速谷八景】と稱せらる。

【奇石梅雨太郎】　平良村上平良にあり岩石の裂目に小なる双蛇棲み梅雨季にのみ休丈を出し頭部を顯はさず俗に梅雨天郎といふ。

【常國寺】法華宗に屬す廿日市町驛より東南一町の處にあり永正十二年日政僧正、西國弘道の砌平良村松

潮音寺

パラダイス温泉

尾山に建立後大永二年山田治右衛門の歸依により現地に移轉せるものなり、安置の宗祖尊像は日蓮上人の高足師孝第一日朗菩薩の御彫刻にして一木三体の靈像なり、毎年舊暦五月十二、十三日、同九月十二、十三日を以て緣日とす近郷よりは勿論遠く京坂下關方面等より賽するもの賭をなす。

【潮音寺】 驛より西南約三町淨土宗に屬し杉岡山と號す、永祿九年丙寅武藏の流天の開基にかゝる

【パラダイス溫泉】 驛より南三町松原海濱にあり近郷唯一の溫泉場として知らる附近に大グラウンドあり。

宮内停留場

己斐町より二十五分半

【古戰場】 新宮山隧道を越ゆれば宮内停留場あり指顧の山嶽附邊の田野皆史上有名なる古戰場なり

【明石の奇岩塔岩】 宮内停留場より約二里の西北方にあり峰の尾山の突鼻なる絶崕に巨岩五個宛二組中天に聳へ其一方の岩上中に柿本人麿を祀れり古來此岩の内に金雞棲むと云ひ傳ふ、奇岩一帶の地は前面に嚴島の秀峰を控へ遠く眸を放てば宇品、四國の連山を望み得べく、地幽邃に仙境をなせるも今尚世に知られざるは甚惜むべし。

【折敷畑】 毛利軍と陶軍合戰の地にして驛より西北一里十町

【腹切岩】 明石の奇岩塔岩に到る國道の邊りにあり陶軍の將宮川甲斐守最後の舊蹟なり。

【藤掛尾城址】 毛利軍小方加賀守の居城たりし處なり驛より西北二町

【越垰尾城址】 同四町毛利軍の備七ツ尾の一なり

【谷宗尾城址】 同五町毛利軍小幡上總守の守所

【宗高尾城址】 同六町糸賀平左衛門の守所たり。

歴史を繙けば、天文二十三年四月毛利元就、石州津和野城主吉見正頼と相通じ兩面より陶軍を壓迫せんと己斐城を陥れ續いて草津城に屯し廿日市櫻尾の嶮を一擧にして破り櫻尾城を中心として岩戸尾、篠尾の三城を控へ藤掛尾、越垰尾、谷宗尾、宗高尾の堅壘を前衛とし威風四邊を壓して破竹の勢當るべからず。

× × × × ×

陶隆房津和野征伐の陣中にあり變ありと聞き大に驚き先手の大將宮川甲斐守長房に大軍を授け五月晦日折敷畑に陣を張る、陶の軍勢折敷畑に寄せぬと聞き毛利の軍は三千餘騎の精鋭を三手に分け六月一日、未だ明けやらぬ薄暗を軍馬の嘶き勇ましく敵陣指して押し懸けたり陶の勢は七千餘騎、一時に勝負を決せんものと互に勇み爭ふて備を立てゝ之に向ふ、汗馬東西に馳せ違ひ追ひつ返しつ旌旗南北に開き分れて卷きつまくられつ互に命を惜ます戰へば屍は積んで山をなし血は流れて河となり何れを勝ちとも見えざる折柄毛利軍の一手吉川元春は手兵一千餘騎を引連れて時こそよけれと平良の山谷の彼方より閑に馬を歩ませて煙嵐を捲きて押し寄せたり、陶の勢之を見て敵か味方かとためらい怪しむところを一千餘騎の軍勢ども鯨波を作つて駈け入り東西南北に割つて通るに、同じく毛利水軍の將小早川隆景は廿日市海邊の此方より一千餘騎の手兵を率ひ雪崩の如く攻め寄せて轡を並べて打つて懸り四方八面切つて廻れば思はぬ荒手に懸け立てられてさしもの猛き陶軍も防ぎかねてぞ見えたりけり。

此時陶軍先手の將宮川甲斐守猛虎の如く憤り小賢しき敵の振舞かな、いでや目に物見せんと群がる敵の眞只中に馬を駈け入れ切り立て薙ぎ立て縱横無盡に戰ふ様は阿修羅王の荒れたるにさも似たり、茲に毛利軍熊谷信直の郎黨末田新左衛門と名乘る剛のもの甲斐守が前に馳せ塞がり、あな天晴の武者振りかな、いで新左衛門見參せんと打物投げ捨てむんずと斗り組みかゝれば甲斐守も得物打ち捨て、應と答へて引き組む敵を左手に引きつけ互に利腕しつかととり捩じ倒さんと曳聲合して組みつ組まるゝ共内に甲斐守武運や盡きたりけむ馬よりどつと落ちたりけり、甲斐守はやこれ迄と覺悟を定め武士の最期を飾らんと、とある岩に腰打ちかけ美事に腹掻き切つて遂に失せぬ。毛利の勢勝に乘じて攻め立つれば陶軍兵をまとめて山上遙かに引退きたり。

あはれ討死したる武士《ものゝふ》の末路に誰か一掬の涙を濺がざるものあらむ、つはもの共が夢のあと今は老木靜かに枝を交へ鳥容しく何をか語る。

× × × × ×

戰蹟に立つて想を遠く三百年の昔に回らし盛衰興亡の常なきを思へば轉た感慨に堪へざるものあるべし。

地御前停留場

己斐町より二十九分

嚴島神社攝社

【地御前神社】 地御前停留場より西三町官幣中社嚴島神社の攝社にして俗に御旅所と稱ふ毎年舊曆五月五日端午節句には古式の祭事あり又六月十七日は嚴島より笛竹の音浪に漂はせつゝ月下金波を散らして管絃船の當神社に渡御のことあり神韻縹緲恰も一幅の古繪卷を展ぶるが如き思ひあらしむ。

電車は地御前停留場を發し右に宮内街道の牛車を追ひ海邊に沿ふて疾走六〇鎖にして新宮島驛に到る

新宮島驛　己斐町より卅一分

【新宮島驛】現在宮島線電車終點にして嚴島行連絡機船の乘替驛なり前は漂渺たる內海の風光を望み嚴島の秀峯眼前に浮んで呼べば答へん計りなり眺望頗る佳

【火立岩】驛の西方にあり弘治元年嚴島合戰の時毛利水軍發船の地として名高く又嚴島神社管絃船此處にて燈を張り火を點ずるを古例とす。

連絡機船宮島丸に乘りうつれば海上辷るが如く僅かに廿分にして日本三景の一なる神仙境嚴島に至る其間の風光の妙なる筆紙のよく盡す所にあらず。

嚴島

【嚴島】世界に其名を知られたる嚴島……神威赫々たるは言はずもがな……其社殿の

嚴島神社攝社地御前神社

大鳥居より御本殿を望む

宏壯神苑の淸淨……彌山の秀峯は天雲に聳え……千古の翠黛は蒼海に映じ……蓬萊の仙境現前に横はるもの…………それ嚴島か、嚴島は周圍七里餘また宮島ともいふ瀨戸內海に悠然として鎭まります一大神境なり先づや身を淸め心を靜めて此の大神に詣でん。

【嚴島神社】 官幣中社嚴島神社は嚴島町の西部御笠の濱にあり嚴島棧橋より五丁餘にして境內に達す祭神は市杵島姬命を主神として田心姬、湍《タキ》津姬命の三女神を祀り相殿には國常立尊、天照皇大神、素盞嗚尊を祀る客人神社には天忍穗耳命、天穗日命、天津彥根命、活津彥根命、熊野櫲樟日命の五座を祀れり、神社の御鎭座は千三百餘年前推古天皇の元年にして平淸盛が安藝の國守となるや大に其結構を改め規模を擴張して華麗を施し莊嚴を加へその面目を一新して今日の供範を殘すに至れり承安年中後白河法皇、治承年中高倉上皇の御社參あり更に明治十八年、明治天皇の行幸同廿八年、昭憲皇太后の行啓あり其他皇室を始め奉り大官武將庶民に至るまで崇敬厚き神靈なり、毎年正月元日極めて神秘的なる神衣進献の儀あり官祭は六月十七日にして舊正月節分には年越祭とて豫想相場立會の式あり全國より集るもの多し四月十五日は桃花祭にて神能あり(三日間)拜観者夥し、舊暦六月十七日は最も有名なる管絃祭を行はる、御座船神輿を奉じ管弦を奏しつゝ對岸の地御前神社に御幸ある盛儀なり昔より御供船千艘の稱あり八月には延年祭あり幾千の壯漢裸体となり水中に球玉を爭ふさま亦奇観なり、十月十五日には菊花祭あり。其他大小の御祭事常に絶ゆる事なし。

嚴島　　林梅洞

仰看島畔秀奇峰　波涙萬層雲一重
山似翠眉烟似黛　唯疑市杵現神容

玄旨法印

嚴島の下津岩根の宮はしら
　波の上よりたつかさぞみる

遊行

滿しほにうかぶや龜の花のやま

【石鳥居】 嚴島町連絡船發着驛よりの賽路に當る明治二十九年四月建立になれり、周防國大島より取寄せたる花崗石材にて總高三丈三尺柱周一丈二尺兩柱心距離二丈二尺額は太政大臣三條實美公の筆なり。

【大鳥居】 嚴島の代表的建造物たる大鳥居は御笠濱の海中嚴島神社の火燒前を距る八十八間の處にありて宮島の名と共に廣く海外までも知られたり總高五丈三尺棟長七丈七尺東柱の周圍二丈七尺西柱

御本社正面

御本殿

石の鳥居

の周圍三丈三尺總て楠の自然木なり、明治八年再建なりしものにして明治三十二年特別保護建造物となる扁額は有栖川宮熾仁親王の御執筆にして外面には嚴島神社の四字、内面には嚴島大明神の五字あり、大鳥居の創設の年代詳かならず幾代かを經て大暴風に棟を破られたるがその時まで掲げられたる扁額は後奈良天皇の宸翰を臨寫したるものにて竪八尺三寸横四尺二寸外面に嚴島大明神、内面に伊都岐大明神とあり何れも周圍に彫刻の裝飾ありて今や國寶に列せり。

　これでたるあきの姿や大鳥居

【廻廊】　幅二間二尺長さ百四十八間二尺現存のものは永祿二年毛利元就の建築にかゝり弘治の役社内鮮血に汚れたればとて同二年元就は更に其床板を張り直したるものなり。

嚴島　僧自休

水是湖分島是巒　三光相映落波瀾
不離當處神仙境　百八廻廊一社壇

廻廊

反橋

【鏡の池】 客人神社と朝座屋との間にあり干潮の時洲上に圓形をなせる池三つ浮べるを見るべし推古天皇の元年十一月十二日嚴島神社當社鎭座の砌り自然に出現せしものなりといふ昔より今に至るまで淺くならず深くならず潮水混入すれども淸冷にして塩分を含まず、これ池の名ある所以なり、嚴島八景の一と稱せらる。

宜阿

みやしろにかくる光も曇なき
かゝみの池にすめる月影

鏡ノ池秋月　淸原宣通

海門靈跡甲西州　嚴島佳名千古悠
多少行人富觀賞　瑤池明月鏡池秋

鏡の池

【反橋】 弘治三年卯月元就隆元の再造にかゝり後年之を改造して現今のものとなれるも當時の擬寶珠今に用ひられたり。

【能舞臺】 毛利元就晩年の寄進にして觀世太夫の設計ならんか、慶長元年春京都より幸正能といへるもの來りて神前に賽しけるが一夜靈夢の告げによりて終に斯道の名人となれりといふ。

【舞樂】 嚴島神社に古代の舞樂を傳存して今尙ほ祭式

に用ひつゝあるは大に注目に値する處なり、支那印度韓土等より傳はりたる舞樂がその本國に於ては夙に廢絶したる今日一千數百年前の東洋諸國の音樂舞踏を傳ふるは實に東京と嚴島とあるのみ

【高倉上皇御幸の跡】能舞臺の樂屋の處にして治承三年四月三日又共翌四年三月十九日及九月廿一日前後三回御幸のとき方三間の行宮を建設せりといふ

【寶物】嚴島神社の寶物は國寶百十八點を始めとして共數幾千に及ぶ、普通寶物は朝座屋及寶物館に陳列せらる。

舞樂と能舞台

寶　庫

【御手洗川】 嚴島神社西廻廊の外にあり、紅葉谷の下流なり一名を御綾川ともいふ毎年舊正月元旦嚴島神社に奉る御衣白綾を前年の冬月この清流に晒す故なり

【大願寺】 嚴島神社の西にあり、もとは天臺宗なりしとぞ、今は眞言宗にて嵯峨大覺寺末なり昔は嚴島神社の修理方を掌る、龜居城放光院ともいひ大内氏の盛時に圓海尊海といへる二名僧出づ、佛像の内國寶となりたるもの少なからず

【大元公園】 大願寺より西三町餘大元浦にあり幽邃にして溪谷深く展開し清澄淙々として奇石碧樹の間を縫ひ或は川の如く或は池の如く自然の妙趣盡きざるは蓋し神仙の靈地なり、大元神社あり國常立尊、大山祇神を祀る嚴島神社の攝社なり、園内の櫻花は嚴島八景の一を以て名あり

大願寺

大元櫻花　　藤原昭光

祠在仙上賞海濱　日櫻相映滿海春
雲蒸霞散常彷彿　一段風流仰此神

ひさゝせをみなからはるになしはてゝ
百代あそばむ花陰もかな　　清水濱臣

【經の尾】大元浦の東方山角にあり一字一石供養塔あるを以て名づく俗に經納山と言ひ傳へらるも訛なり丘上放眸に佳なり

【多寶塔婆】大永三年の創建といふ二重塔とも稱す、方二間半高さ八間餘本尊は行基の作藥師如來なりしが明治十三年加藤清正を祀りて寶山神社と改稱し同三十四年特別保護建造物となりたり

【大聖院】瀧町にあり舊時嚴島神社の別當寺にして高倉上皇御幸の時座主を阿闍梨になし玉ひしとぞ、天正年間仁助法親王の止住ありて御室と稱す、後奈良天皇の御猶子なり、豐臣秀吉も此寺にて和歌會を行ひ林泉を賞し風月を樂しみたることあり、明治十八年明治天皇の行在

大元公園

所にあてられしが二十一年失火全燒す、されど今や漸く再建の緒につきたり同處の岩石に故伊藤公紀念の筆を刻せり

【西方院址】瀧町にありて東坊といへり仁助親王此處にて圓寂したまへり、庭園は僧雪舟の意匠といふ、法親王の墓は對岸赤崎にあり

多寶塔

【寶庫】嚴島神社の後方御手洗川の左岸にあり校倉造り瓦葺にして桁行三間餘梁行二間餘周圍に簀子あり神社の國寶を初め貴重なる寶器を收藏する所なり

【紅葉谷公園】御手洗川の上流溪谷をいふ清流奔下する處楓葉枝を垂れて奇石を蔽ひ苔蘚色濃かに玉露紅を染めて錦繡の如し四季折々の興趣名狀すべからず、旅館岩惣此處にあり淺酌低吟亦佳ならずや、

【塔の岡】嚴島神社の東にあり五層塔ある故に此名あり、弘治元年陶晴賢の陣所たり北方町家を距て丶毛利氏の戍兵を置きたる要害鼻を望むべく其間十數町に過ぎず丘上の眺望佳絶なり今は齋館あり

紅葉谷公園と鹿

【五層塔】 塔の岡龜居山にあり應永十四年七月の建立にして方二間高さ十五間餘飛彈内匠の作なりといふ、塔内に釋迦文珠、普賢を安置したりしが今は之を大願寺に移せり特別保護建造物なり、我國五層塔の建築少なからずと雖も本塔の如きは稀有のものなりといふ、

【千疊閣】 塔の岡龜居山にあり、桁行二十間、梁間十間餘棟の高さ五十八尺餘、四方に簀子ありてその幅八尺高欄を周らしたる瓦葺の大堂なり、丸瓦には王の字あり平瓦には桐葉の紋章あり、大きさ共に京都方廣寺大佛殿に亞ぐべし、丸瓦を貫ける鐵釘の長一尺五寸あり、天正十五年豐臣秀吉の奉獻にて秀吉が雞林八道蹂躙の折嚴島神社に加護を祈りたるより安國寺惠瓊をして創建せしめたるものなり、元大經堂と稱し、釋迦、阿難迦葉を安置せしが明治五年豐臣秀吉を祀りて豐國神社と改め嚴島神社の末社となせり、佛像は出して大願寺に置く皆國寶の選に入れるを見れば秀吉は由緒ある舊寺より移し置きたるものなるべし

千疊閣　　平賀周藏

海門秋盡日雲收　一道風烟好放眸
重嶺低臨千疊閣　澄潭倒落五層樓
蘆汀釣罷曉吹笛　楓浦鐘鳴夜泊舟
借問年々登眺客　舊題誰不記曾遊

【彌山】 島中第一の高峰にして海拔千七百八十九尺登路に四

千疊閣と五層塔

條あり一を瀧町口といひ嚴島神社の後方御手洗川に架けたる筋違橋を渡り眞直に瀧町を經て一の鳥居より左に折れて山路にかゝる此山道は故伊藤公の修せられたるものにして本道とす、二を大元口といひ大元川の水路を遡ること五町にして富士岩に到る、こゝより道二分す右すれば二里にして靑海苔浦に至る、彌山道は左に登る、三は多寶塔口にして寶山神社より繪馬獄をひた上りに上る道なり上ること七町にして出城に至り更に夕日觀音、朝日觀音を經て十餘町登れば絶頂なり、路細くして嶮なれども山海脚下に集り眺望最佳なり、四を紅葉谷口といひ彌山までは約二十四町あり彌山は蓋し佛說須彌山を擬したるなり、到る處神佛を祀りて種々の靈驗を說けり頂上の求聞持堂は弘法大師修法の所とて不消火《キエツノヒ》あり、其他見物すべき靈所少なからず、彌山頂上の絶景に至りては言文のよく盡す所にあらず嚴島に來りて彌山に登らざれば嚴島を語るべからずとは或博士の歎賞なり

題彌山　　僧應量海

獨立雲間仁者容　巍然秀勢万山宗
嶽神會借巨靈手　擘捉須彌小衆峰

登彌山　　賴春水

雖愛雲光薄　尙知嵐氣遮　穿林覩瀑水
度嶺遇硻巖　松假堪爲棧　巖懸自作家
樵童華表外　拍手喚神鴉

【御島廻り】三隻の和船を艤して嚴島を一周し鎭座せる嚴島神社七浦七末社を巡拜するをいふ、嚴島神、垂跡の時宮地を求めん爲め佐伯鞍職を嚮導としてこの島を一周したまひし故事に基くといひ傳へらる、されば儀式嚴重にして苟も不淨汚穢の行爲を許さず

御鳥喰式

【御鳥喰式】御島廻りをなすときは養父ケ崎にて御鳥喰《オトグヒ》式あり、神職祈禱せられ粢《シトギ》を海上に浮べ秘曲を奏すれば雌雄の神鴉飛び來りて交々粢を啄み去る實に奇瑞なり

【七浦】七浦とは杉の浦、鷹巣浦、腰細浦、青海苔浦、山白濱、須屋の浦、御床の浦にして各々小さき社殿あり、惠比須神を祀る俗に七浦七胡子といふ、

安藝の宮じま廻れば七里
浦は七浦七えびす

の古謠は特に人口に膾炙せらるゝものなり、當會社にては七浦廻り希望の團体に對し會社所屬の機船を以て特に便宜の取計ひをなす

嚴島棧橋を發し、杉の浦、青海苔浦、須屋の浦を經て發船地に歸着するものにして風光の變化に富める煙波の趣致多き七浦廻りも亦興味深かるべし、

杉の浦

鷹巣の浦神社

腰細浦神社

青海苔浦

山白濱神社

須屋の浦

御床浦神社

杉の浦神社　　石川丈山

いく世をかすきの浦かせふく音も
神さひにける此宮居かな

鷹巣の浦　　清水調元

陰しめてひなもすむてふさりの名の
たかのす浦の松ぞこたかき

腰細浦　　中納言持豊

汐みてはなみもいはほをこし細の
浦ふくかぜやはけしかるらん

青海苔浦　　中納言持豊

影ひたす木々のみさりも青海苔の
浦の名しるき波のおもかな

山白濱神社　　中納言持豊

かしこしな名さへうこかぬ山しろの
濱邊にしめし神の宮居は

須屋清水　　中納言持豊

浦はるゝ須屋の朝なき夕なぎに
見るめはさこそたくひなからめ

御床浦神社　　中納言持豊

あふけなほ天くたりましたそのかみの
御床のいはほうこきなきかけ

▼嚴島附記

【嚴島八景】 社頭の明燈、大元の櫻、瀧宮の水螢、鏡池秋月、御笠濱暮雪、谷原麋鹿、有浦客船、彌山神鴉を嚴島八景と稱す

【神鴉】 彌山々上に雌雄一双の靈鳥棲めり御山神鴉と稱す、美麗にして他の鴉より形稍小さし、推古帝の朝佐伯鞍職嚴島大神の御鎭座を定めんとて島を巡視するに當り養父ヶ崎の沖合にて圖らずも此靈鳥を發見し以來一千三百十餘年間相傳へて今日に至れるなり

島めぐる小舟に神も心ひく
みやまからすの波におりくる　宣阿

【神鹿】 嚴島神の御使なりとし島民之を頗る愛護せり、鹿は人に馴れて街路を緩歩徜徉せり島民其鹿を害せん事を恐れ古來島内に犬を飼ふ事を禁止せり

【社頭の明燈】 嚴島神社百八の廻廊潮水に浮び神燈波にゆらめく光景は頗る美觀なり殊に大元より長濱に連る石燈に總燈明を點じたる壯觀に至りては古雅にして森嚴筆紙の盡す處にあらず

宮しまや燈籠の火に明けやすし　其角

【比良松山】 俗に比良松公園と稱せらる紅葉谷公園より東南約一町にして至る、元嚴島神社神官野坂氏の私有地なりしも今は官有地となれり

此地附近の全景を脚下に俯瞰し眸を放てば渺茫たる滄海を隔てゝ近村の諸山を望み近くは嚴島大島居青波に浮ぶ蓋し島内隨一の眺望地たり殊に躑躅の季となれば全山紅を以て彩られ新綠其間を點綴し色

相の配合美觀を極め眺望の佳絕と相俟つて羽化登仙するの感あり

【大西町の櫻】　多寶塔東南にあり弘治元年嚴島の役陶氏の部將弘中隆兼の陣所たりし處なり、元は桃林なりしが今は櫻樹に代へられ其數數百株を算し三春の候に至れば萬朶の櫻花雪を欺き、落花の風情、夜櫻の美景は筆舌に絕し恍惚として仙境に遊ぶの思あらしむ

【宮島細工】　嚴島には竹木製諸種の玩具、雜器具等を製出す、之を總稱して宮島細工と名づく特に杓子は宮じま杓子とて著名なるものなり、神力寺僧誓信の創意なりといふ

【宮島踊り】　嚴島の美妓、優に嬌しき白拍子姿に扮し三味線、大鼓の調子に連れ雅びたる地謠に合して立舞ふ優雅なる舞にして優艷の內に野趣を含み同島獨特の舞踊なり

【海水浴】　嚴島に於て海水浴場として名を知られたるもの二あり一は長濱にして一は杉の浦とす、砂白く松青く海水淸澄にして設備又完備せるを以て避暑を兼ね來り浴するもの頗多し

【指定旅館】　かめ福、岩惣、大根屋、東屋、錦水館の大旅館は當會社指定の旅館として旅客の滿足と便利を旨とせり、殊に十人以上の團体に對しては當社鐵道運輸課の紹介あらば一割引取計ひの方法を講ぜり

▽四季御案内

【梅の名所】
二葉公園（市内線白島）
草津梅山（宮島線荒手）

【桃の名所】
高須桃山（宮島線高須）

【櫻の名所】
二葉公園（市内線白島）
比治山公園（市内線金屋町）
國泰寺（市内線白神前）
東本川（市内線堺町）
長壽園（市内線横川又ハ白島）
絶佳園（已斐町）
正覺院（宮島線廿日市町）
大元公園（嚴島）
大西町（同）

【潮干狩】
江波沖（市内線小網町）
國泰寺新開（市内線鷹野橋又ハ御幸橋）
草津海岸（宮島線荒手）
五日市海岸（宮島線五日市町）
地御前海岸（宮島線地御前）
嚴島大鳥居附近（嚴島）

【藤の名所】
二葉の里（市内線白島）

【躑躅】
泉邸（市内線泉邸前）
比治山公園（市内線金屋町）
比良松山（嚴島）

【杜若の名所】
鶴羽根神社（市内線白島）

【新緑】
比治山（市内線金屋町）

二葉公園（市内線白島）
天神山（己斐町）
高須山（宮島線高須）
海老公園（宮島線五日市町）
極樂寺山（宮島線廿日市町）
桂公園（同）
嚴島

【郭公の名所】

大元附近（嚴島）

【納涼避暑海水浴】

向宇品（市内線宇品町二丁目裏）
草津海岸（宮島線荒手）
井ノ口附近（宮島線井ノ口）
五日市海岸（宮島線五日市町）
極樂寺山（宮島線廿日市町）
地御前海岸（宮島線地御前）
長濱（嚴島）

杉の浦（嚴島）

【月見】

江波公園（市内線小網町）
向宇品（市内線宇品町二丁目裏）
二葉公園（市内線白島）
比治山公園（市内線金屋町）
井ノ口海岸（宮島線荒手）
海老公園（宮島線五日市町）
地御前海岸（宮島線地御前）
見晴山（宮島線廿日市町）
嚴島神社廻廊附近（嚴島）

【萩の名所】

二葉公園（市内線白島）

【松茸狩】

新庄山（市内線横川）
己斐山（己斐町）
迎座山（宮島線草津町）

【觀楓】

泉　　邸（市內線泉邸前）
己斐楓溪（己斐町）
極樂寺山（宮島線廿日市町）
紅葉谷公園（嚴島）

【雪見】

御笠濱（嚴島）
松原濱（同）
二葉公園（市內線白島）
泉　　邸（市內線泉邸前）
比治山（市內線金屋町）

▼年中行事御案内

【一月】

神衣獻上祭（一日）嚴島神社

陸軍始観兵式（八日）廣島西練兵場（市内紙屋町線）

初寅祭（毎年初寅）正覺院（宮島廿日市町線）

義士追弔會（十四日）五日市町（宮島線）

妙見祭（十五日）慈光寺（宮島草津町線）

【二月】

年越祭（舊正月六日）嚴島神社

惠美須祭（舊一月十日）胡町（市内上流川線）

藥師如來縁日（舊一月八日）八幡村藥師（宮島五日市町線）

【三月】

初午祭 泉邸稲荷（市内泉邸前線）
稲荷町稲荷社（市内稲荷町線）
尾長町稲荷社（市内驛前線）

極樂寺縁日（一日）極樂寺山（宮島廿日市町線）

涅槃會（舊二月十五日）清住寺（市内左官町線）
慈仙寺（市内相生橋線）

【四月】

龍宮祭（舊三月十二日）草津町（宮島線）

大師廻り（舊三月廿一日）……市内外各所

桃花祭（舊三月十五日）嚴島神社

饒津祭（十日十一日）二葉公園（市内線白島）

白神社祭（十四、十五日）（市内線白神社前）

空鞘社祭（十四、十五日）（市内線左官町）

【五月】

妙見祭（一日）慈光寺（宮島草津町線）

洞雲寺縁日（八日）廿日市町（宮島線）

【六月】

日蓮上人伊豆伊東御法難會（舊五月十二、十三日）常國寺（宮島線廿日市町）

不動明王祭（舊五月廿八日）細工町（市内線相生橋）

大田植祭　沿線近郷各所（宮島線）

稻荷祭（舊五月五日）三川町（市内線八丁堀）

嚴島神社攝社地御前神社大祭（舊五月五日）地御前（宮島線）

【七月】

琴平祭（舊六月十日）大手町七丁目琴平社（市内線公會堂前）

同　平塚町（市内線山口町）

住吉祭（舊六月十五日）水主町（市内線鷹野橋）

管弦祭（舊六月十七日）嚴島神社

住吉祭（舊六月廿八日）草津町（宮島線）

【八月】

氏神祭　古江、井ノ口地方（宮島線）

玉取延年祭（舊七月十八日）嚴島神社

【九月】

妙見祭（一日）慈光寺（宮島線草津町）

大纛進轉紀念日（十五、十六日）大本營跡拜觀（市内線紙屋町）

氏神祭（舊八月十五日）草津町

【十月】

日連上人龍ノ口御法難會（舊九月十二、十三日）常國寺（宮島線廿日市町）

招魂祭　廣島西練兵場（市内線紙屋町）

氏神祭　五日市町（宮島線）

同　地御前（同）

蛭子講（舊九月二十日）胡町胡子神社（市内線上流川）

緣日（廿八日廿九日）白神社　比治山社　空鞘社　羽衣社　鶴羽神社　碇社（廣島市内）

【十二月】

大祓及燒火祭（卅一日）嚴島神社

陸海軍指定旅館
市町村役場並ニ諸學校指定旅館
廣島縣海外協會指定旅館

茶代全廢　宿料低廉

廣島市山口町停留所前（行通便廣島驛ヨリ三分）

中國旅館

二

特長電話二一七六番

弊舘と安藝宮島の連絡は電車にて時間五十八分運賃四十五錢

宿泊料｛一泊夕朝二賄付壹圓五拾錢、貳圓、貳圓五拾錢、特等參圓
　　　｛宿料のみの料金八拾錢、壹圓

食堂部｛定食＝朝參拾錢、晝五拾錢、夕八拾錢
　　　｛其他一品料理の御好に應ず

體團宿泊（小學生三食七拾錢以上、其他一般壹圓以上

海外關係者（特に懇切且つ優待致ます

右の通り内定致して居りますが、御客様の御好みに依り料金高低御随意に御指示御下命を歡迎いたします

三

生魚
御料理
並ニ仕出し

安藝國廿日市町本通り

石津樓

電話十六番

四

御料理並ニ會席

銀なべ

廣島電車己斐終點
ぎんなべ事（ほてい家）

五

風光絶佳
設備完全　地御前海水浴場
潮湯むし風呂
和洋御料理、御旅館

安藝地御前

地宮館

年中休ナシ

六

特色
治癒力顯著養生本位
親切第一入浴御便利（宿泊料金二十七錢）

中井石風呂

地御前驛より西一丁
西向寺裏智秀山麓

効能
弘法大師御創始にかゝり神經痛、リウマチス、つかいだれ、足腰痛み、うちみ、胃腸病、かつけ、中風、痔疾、切傷、子宮病、耳鼻の病、腦病等に特効あり

七

營業科目

公債株式現物の賣買
長期清算短期清算取引
其他證券に關する一般業務

廣島株式取引所取引員

八

松井禮藏商店

廣島市銀山町

電話
長八二四番
長八六一番
長八六五番
特長九七五番
長二五一八番

振替下關七一二六番

營業案内贈呈

九

廣島市銀山町十一番地
有價證券現物專業
合資會社 平田昌一商店
長電話 二九番 一一二二番

一〇

有價證券現物問屋
本田權平商店
廣島市銀山町

廣島株式取引所取引員
杉村米三郎商店
廣島市銀山町

電話
特長一番
特長一三〇一番
長八八八番
長二〇五番
長九六六番
市場特設
本田自宅西本川
六七番

一一

洋服ナラ
廣島市平田屋町
新天地西へ半丁
別誂品、既製品 小川洋服店
電二二五二番

一二

乗心地の好い宮島電車

着心地の好い小島の洋服

一三

松尾洋服店

廣島市大手町六丁目
電話二八四六番

洋服ノ調進ハ岡田屋ヘ

岡田屋洋服店

廣島市大手町三丁目
電話一七二二番

レテーメード

洋服
オーバ
レンコート
小供服
通學用防水マント

廣島西横町

片山洋服店

（電話一七四九番）

TAILOR

親切

こます屋洋服店

本位

川端粂之助

廣島市紙屋町交叉點西ヘ入
電話一一五一番ゑり辨

學生服と帽子の御相談は
メダルやボタンで御承知の

キショウ堂

廣島市平田屋町
電話長九百十四番

電車で御來店は西よりは革屋町停留所東よりは八丁堀停留所

一八

辨慶印運動靴萬年ゴム底靴製造元

鐵道省、諸官衙
各學校、購買會 御用達

廣島市十日市町二十六番地

營業品目
運動具服裝類
新靴及改造靴
陸海軍拂下被服

大橋龜吉商店

國電話千五百三十六番
振替大阪一三四一五番
振替下關三九一七番

一九

株式會社

澤原銀行

頭取 澤原俊雄
相談役 男爵 藤田平太郎

呉市本通八丁目
電話 長五三番 三八〇番 五九二番 一二六四番

支店
吉浦 二川（同）
阿賀 明神町（同）
廣
長濱
海田市
荘山田（呉市）
坂
宮原（同）

二〇

同廣島支店
廣島市中島本町
電話 長八六六番 二二一番

同廿日市支店
佐伯郡廿日市町
電話二七番

二一

資本金　壹千六百萬圓
預金額　六千六百萬圓

廣島市元柳町壹番地

株式會社　藝備銀行

電話番號
三一番
三四三〇番
三四三一番
三四三二番
六六番
三四三三番
三四三四番

二二

支店所在地

支店	電話	所在地
塚本町支店	特長 [illegible]	廣島市塚本町
革屋町支店	[illegible]	同革屋町
銀山町支店	[illegible]	同銀山町
京橋支店	[illegible]	同京橋町
宇品支店	[illegible]	同宇品町
中島支店	[illegible]	同中島本町
横町支店	[illegible]	同横町
愛宕町支店	[illegible]	同愛宕町
尾道支店	長 [illegible]	尾道市久保町
呉支店	特長 [illegible]	呉市本通五丁目
福山支店	長 [illegible]	福山市船町
横川支店	[illegible]	安佐郡三篠町
祇園支店	呼出	同祇園町
古市支店	[illegible]	同三川村
可部支店	長 [illegible]	同可部町
吉田支店	[illegible]	高田郡吉田町
甲立支店	[illegible]	同甲立村
向井原支店	呼出	同坂村
己斐支店	[illegible]	佐伯郡己斐町
五日市支店	呼出 [illegible]	同五日市町
廿日市支店	長 [illegible]	同平良村
大竹支店	[illegible]	同大竹町
海田市支店		安藝郡海田市町
江田島支店		同江田島村
音戸支店	[illegible]	同音戸町
西條支店	[illegible]	賀茂郡西條町
内海支店	[illegible]	同内海町
廣支店	[illegible]	賀茂郡廣村
志和支店		同志和堀村
吉川支店	西條 [illegible]	同吉川村
三津支店	長 [illegible]	同三津町
竹原支店	長 [illegible]	同竹原町
河内支店		豐田郡河内町
忠海支店	長 [illegible]	同忠海町
木ノ江支店		同木ノ江町
御手洗支店		同御手洗町
瀬戸田支店	特長 [illegible]	同瀬戸田町
本郷支店	呼出	同本郷町
三原支店	長 [illegible]	御調郡三原町
府中支店	長 [illegible]	蘆品郡府中町
甲山支店	[illegible]	世羅郡甲山町
上下支店	長 [illegible]	甲奴郡上下町
田總支店		同田總村
三次支店	長 [illegible]	雙三郡三次町
吉舍支店	長 [illegible]	同吉舍町
三良坂支店	[illegible]	同三良坂町
庄原支店	長 [illegible]	比婆郡庄原町
比和支店		同比和村
西城支店	[illegible]	同西城町
東城支店	[illegible]	同東城町
油木支店	[illegible]	神石郡油木町
岩國支店	[illegible]	山口縣玖珂郡岩國町
下松支店	[illegible]	同都濃郡下松町
笠岡支店	[illegible]	岡山縣小田郡笠岡町

二三

營業科目

一般銀行業務

内外公債、社債券ノ賣買

廣島市塚本町四十八番地（廣島郵便局私書函第二十二號）

株式會社　藤本ビル・ブローカー銀行廣島支店

電話
長三四五〇番
三四五一番
三四五二番
長三四五三番
市外專用一番

發信略號　フヒ（又ハ）フ
受信略號　ヒロシマフビル
振替大阪　（七一九七七番
口座下關　（三八三四番

二四

資本金　参千貳拾萬圓
總預金　壹億七千六百餘萬圓（大正十四年十二月末現在）
本店　大阪市西區土佐堀通

株式會社　加島銀行

頭取　廣岡惠三

廣島支店　廣島市革屋町
堺町出張所　同堺町二丁目
京橋出張所　同京橋町

二五

創立　明治二十七年
本店　大阪市東區備後町二丁目
各地支店　東京、京都、名古屋、神戸等三十二箇所
廣島支店　廣島市大手町二丁目（電話一六二六番　振替貯金口座下關九七六八番）

株式會社　近江銀行

頭取　保井猶造
廣島支店長　福島源之助

資本金五千萬圓（拂込濟）

頭取　佐々木勇之助
相談役　子爵　澁澤榮一

株式會社　第一銀行

本店　東京市日本橋區兜町
廣島支店　廣島市大手町一丁目角

資本金　五千貳百貳拾萬圓
創立　明治十一年

三十四銀行

本店　大阪市東區高麗橋四丁目
廣島支店　廣島市中島本町

廣島市革屋町

株式會社　三井銀行

振替貯金（下關三〇〇三番　大阪一二〇四番）
電話番號（一一四番　特長一一五番）

資本金　壹億五千萬圓

廣島市平田屋町西角（電話一、五六七 二、三三二番）

株式會社　安田銀行廣島支店

同　市堺町三丁目南側（電話二、一三二番）

同　堺町出張所

積立金　五千四百六拾五萬圓

本店東京市　頭取　安田善次郎

三〇

保險契約高　貳億四百拾貳萬參千八百四拾圓

諸準備金　參千六百參拾四萬七千五百八拾六圓

本社　東京市日本橋區鎧河岸

共濟生命保險株式會社

廣島支店　廣島市革屋町角（電話長七五二番）

社長　安田善五郎

顧問　安田善次郎

三一

保險は人生の光明

住友生命は專ら信用を重し確實を旨とし被保險者各位の御便宜を計ります

住友生命保險株式會社

本社　大阪市北濱五丁目　住友ビルディング內

廣島支部　廣島市鈩屋町　電話八八五番

三二

廣島縣佐伯郡草津郵便局

局長　中田保吉

三三

優等清酒

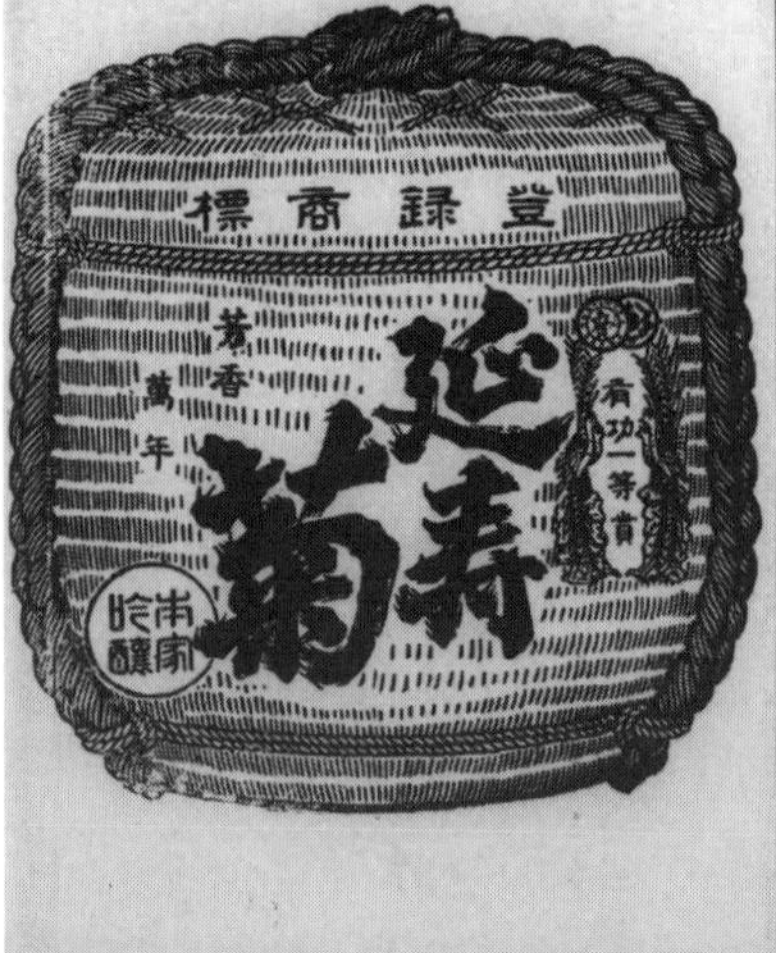

三四

釀造元

廣島市外草津町

小泉本店

電話三番

三五

銘酒

金美人

太田川

發賣元

酒類醬油卸問屋

山口善吉商店

廣島縣草津町

電話二〇番

振替下關八一六一番

三六

酒類問屋

廣島縣草津町

登録商標 ㊂喜

田谷喜三郎本店

長 電話十三番

電略{發信(タヤ)又ハ(タ)
受信ヒロシマクサツタヤ}

振替{大阪五四三五七番
下關四二七二番}

三七

銘酒

賀正
四方輝

廣島縣草津町

釀造元 倉本保吉

電話草津二十七番
振替下關三五一四〇番

登録商標

宮島

ミヤジママサムネ

釀造元

勝谷酒造場

安藝國地御前

純良清酢

千歳酢

山陽線廿日市町

中國造酢合資會社

品質價格とも最善の
努力を盡しています

PURE. SHOYU

醬油釀造元

廣島市外古江

坪田釀造場

登録商標

優等

カネサ醤油

安藝國地御前村

相良商店

四二

煙草元賣捌業
廣島地方鹽元賣捌所
廿日市貯藏所

廣島縣廿日市町驛通

古金商店

電話（本宅 三一番
電話（營業所 一〇二番

四三

安賣トケイハ

各國時計類
貴金属寳石
眼鏡樂器
携帯電燈
卸小賣

廣島市堺町四丁目

楠木時計店

振替大阪五六七八七番
電話一三八八呼出

薄利多賣主義ナリ

四四

鐵道省御用達

各種時計貴金屬
美術品眼鏡指環

沖本時計店

廣島市天満町
電話三二四八番
振替下關七二〇六番

四五

陸海軍
諸官衙
正略洋服及帽子附屬品
並ニミシン糸及和洋各種
人体洋服釣特約販賣

若
わかさやたび

和洋敷物、窓掛地、室内装飾品
毛布、椅子張地、各種
一森式座椅子特約販賣

廣島市大手町二丁目角
横山重助商店
電話特長五八〇番
振替大阪二三三五一番

四六

洋反物綿布卸問屋

中

廣島市平田屋町
株式會社
中野商店
電話一八四〇番
振替口座 大阪五〇六八番 下關九五七番

四七

廣島市細工町

七

おはいり安い
やませ

天野呉服店
電話二二三四一六番

營業種目
呉服太物洋反物
一ツ身、夜具、座フトン
學生服既製品
階上マーケット部
實用家具、雜貨臺所用品

四八

廣島縣廿日市町

呉服
雜貨

ヒ

廣瀬呉服店
電話四十二番
（電略アルヒ）

諸紙
帳簿

H

廣瀬文具店

四九

弊店主義ハ
親切叮嚀
品質優良
商品豐富
價格低廉

營業品目

ショール
洋傘
毛布
ヒザ掛
旅行鞄
羽根布團
皮座布團
毛メリヤス
メリヤス製品
洋服附屬品
ワイシャツ
帽子類
ハンカチーフ
タヲル
敷布
小供服
小供帽子
エプロン
フラフ
沓下

舶來雜貨品

廣島市中島本町
合資會社 丸倉商會
代表社員 阿部倉吉
電話三三七番
振替口座大阪四三一五五番

五〇

香川
吳服雜貨
卸小賣商店
廣島縣廿日市町
長電話十三番

五一

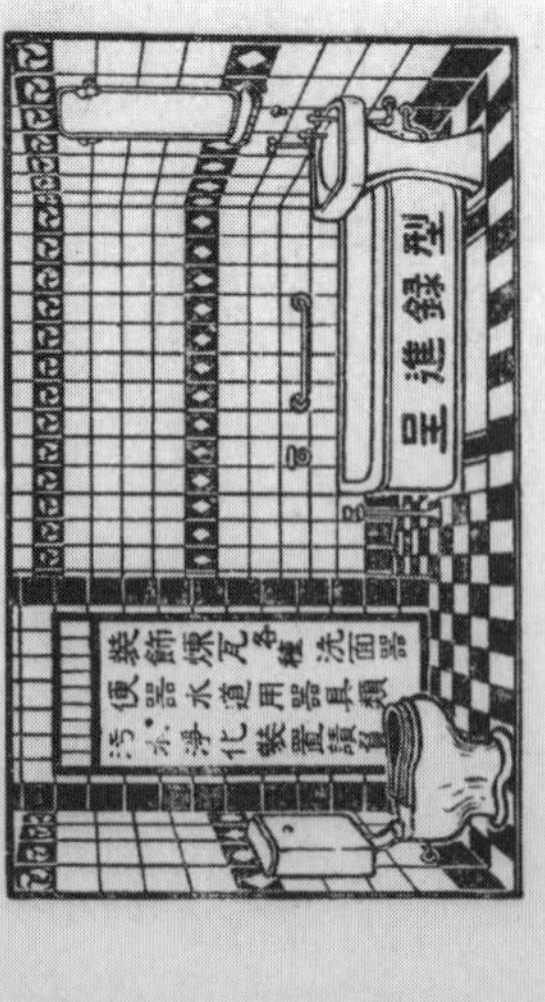

廣島市研屋町
紙屋町電車交叉點前
今西商店
電話二一〇四番

五二

廣島市外己斐町驛前
中國淘業株式會社代理店
宮友西部販賣所
土管各種
小野田セメント
煉瓦石灰
電氣器具
卸小賣
中元粂助商店
電話五一五番呼出

五三

日本型セメント瓦の特色
（屋根坪五十枚葺）

小店製造の日本型セメント瓦は至介の有力者諸彦の御援助さ私事多年の間苦心研究の結果發明したるものにして大正十三年春より製造發賣を開始致しました處が非常の好評を得まして日猶淺きにもかゝわらず今日の盛大を見るに至りました以上修正の餘地なしさの定評により其筋に對し新案登錄の出願を致しました之の新案登錄の出願ぜし要点は是迄數多のセメント瓦ありさ云へ共其形多数にして使用の不便のみならず販賣上にも非常の不便なるを以て他の日本瓦と同じく形の統一は最も急務なる事を認めたる次第で有ます同瓦は巾八寸流九寸の働をなし一坪五十枚葺であります谷の深さは一寸四分にして重手二寸三分にして水止を有し棧掛葺として其他に新案登錄の骨子たる處を有す
今後セメント瓦の製造を始めんさする御方は一度實物御一覧くだされて是非共小生の宿望に對し御援助あらん事を切に希願次第で有ます同瓦は如何なる點に於ても絕對他に追從出來ざる最も理想的の考案で有ます一度御試用あらん事を乞ふ

獨逸型セメント瓦の特色
屋根坪五十枚葺

一、小店製造の獨逸式セメント瓦は耐久力に於て安價なる點に於て最も滿足したるもので有舛
二、和洋折衷に適し色合も赤青チョコレート白黑等にして最も体裁優美にして理想的なり
三、機械製なるが故に狂なく枚數も少く整然にして素人にても葺上得べく至極輕便なり
四、棧掛葺なるが故に暴風並に機械等に依る如何なる震動あるさ云へ共瓦のずる憂なし
五、製造の方法は工業試驗場並は有力者の御援助に私の苦心研究に依り製造せしものにして大正十二年五月岩國博覽會に出品の節も從二位勳四等多仁德明、勳四等原眞澄の兩氏審査に依り壹等賞金牌を授與せられたるものにてなして知らるべし

營業品目
日本型 獨逸型 セメント瓦製造
セメント瓦製造機械一式
セメント並に瓦製造原料
製造販賣

安藝 廣島縣佐伯郡五日市町隅之濱（電車停留所前）
(波) 製造工場 波出石商店
電話五日市五十五番

營業課目
正月飾物破魔弓羽子板各種
御雛人形道具各種
五月武者人形鯉幟各種
岐阜灯提團扇花かるた百人一首各種
國旗裝飾品各種

廣島市革屋町四七
教育翫物卸商 (加) 鴨谷貞藏
電話一九六番

木津川製作所製品
高級ローヤルベルト

(徳)
營業課目
阪東調帯代理店
住友伸銅所製作品

山崎德市商店

本店 廣島市左官町電車通角
倉庫 同 吉島西土手
電話三〇四一番
電略マルトク

營業科目

革車。シャフト
メタル。木製革車
帶革ライオン調帶
高級化學水力精米
製材其他各機械金物類
計量器各種
超ヂーゼル小型發動機
電氣モートル
發電機。變壓器
吸入瓦斯發動機
各機械工具材料

廣島市左官町電車停留場横川線前

大田工業合資會社

電話二〇八七番
振替大阪三五二一六番
電略（オ）ヌハ（オタ）

五八

星天印

靴及革具縫用玉糸・撚糸

魚網糸・ラミー糸專門製造

大正ラミー紡績工場

廣島市外古江
（電車古江停留場前）
電話二〇八七番

五九

◆灌漑用ポンプ

水筒直徑	吸水管口徑	竹管外徑	一回の揚水量	價格
七寸	二吋半	三寸以上	四升	三三〇〇

◆手足併用ハンドル

本ハンドルは他に類なき獨特の考案に成る人力の極致たる手足を併用する装置なれば豐富なる揚水に比し操縦の輕快なると長時間の操縦に堪へ得る點に至りては本機に追從するものなし殊に把手杆（木柄）を縦に取付け手と足を以て操縦するものなれば體重を巧みに利用し兩手を以て強く牽引を爲し得るが故に普通の如く「ラセン」の使用もなく爲に約三倍半の力を出すことを得

各種ポンプ型録進呈

專賣特許願 第一〇七四四號
實用新案登録 第九一五六〇號
同 第六四九三一號
同 第六五六七五號
同 第九一四八五號
同 第九三九七一號
意匠登録 第二八四二一號

廣島市廣瀬神社⛩前

津田式ポンプ製作所

電話三二二七番 振替下關一〇四〇一番

六〇

和洋金物
蒲鉾用機械
料理用庖丁
食用繪具
其他雜品

廣島縣佐伯郡草津町

三島長松商店

長電話十八番
振替大阪四一三六番
振替下關三五九三番

六一

自動車自動自轉車附屬品專門

直輸入業

中尾商會

廣島市紙屋町電車交叉點東側
電話長一六七四番

六二

諸金物卸問屋

忠 河野忠三商店

廣島市革屋町

電話長五五六番
振替大阪五八八九番

六三

自轉車
附屬品 卸商

廣島市紙屋町

双輪商會本店

長電話三八八番
電略(ソ)又(ソリ)

拜啓初秋之候各位益々御清榮之段奉賀候陳者小生左記場所に於て一意專心業務に從事致し候間何卒御引立あらん事を懇願候也作業の確實。低廉。敏速。圖面の精美なるは弊所の特色多少に不拘御用命の程願上候

營業科目

1 土地測量一切
2 上下水土管埋設
3 土木建築設計
4 製圖々案青寫眞
5 工事請負監督
6 前項附帶事業一切

追而 端書にても御通知下さらば落手の上は直に御伺ひ仕るべく候

廣島縣佐伯郡五日市町一〇九番地

大植工務所

六四

印章は信用の目標

材料豊富

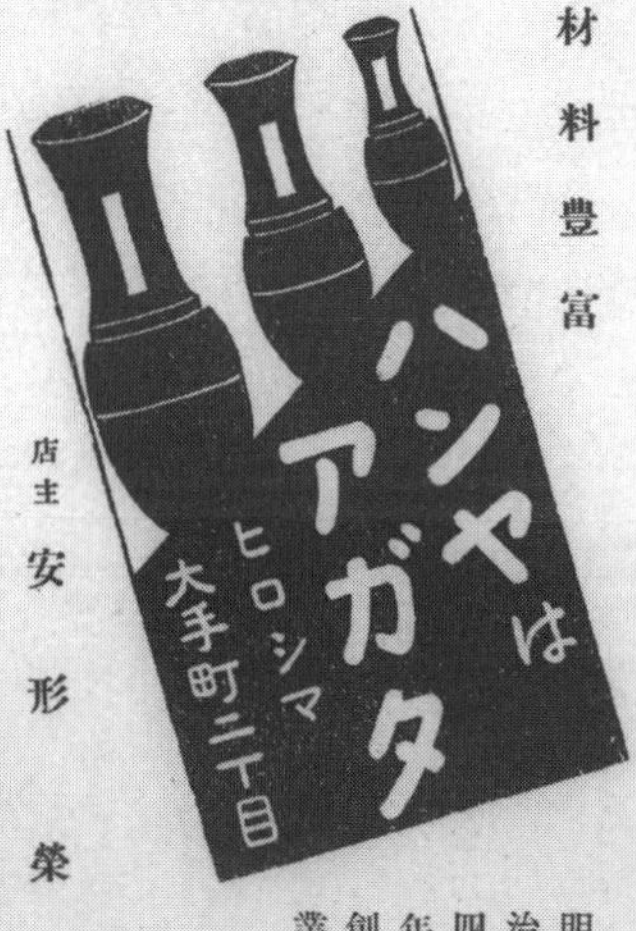

店主 安形榮

明治四年創業

六五

内地産板材松
丸太、杉丸太
槇小割類一切
北海産板鴨綠江板

㊎

金子快造商店

本店 廣島縣佐伯郡五日市町セドノ川
工場 山陽線五日市驛前

六六

營業課目

◆秋田杉＝◆米松杉
◆樺太松＝◆北海松
◆鴨綠江＝◆紅白松
◆落葉松＝◆內地松杉

焼板は製造して居りますから是非弊店へ

廣島縣廿日市町

ヨ

吉田次郎吉商店

長電話十四番
振替福岡六七三二番

六七

內外材木問屋

吉田五一

廣島縣佐伯郡廿日市町

六八

賜東宮殿下御臺覧之榮

履物卸問屋

●營業品目相場表ハ御一報次第御送付申上候

廣島市西横町通

と

尾前本店

電話 長 二九一番 三四二五番
振替 大阪二八七四二番 下關五二八番

六九

廣島市外草津町

米穀酒雜貨
並ニ精米所

山我本店

電話草津一番

七〇

米麥及雜穀
並ニ精米所
新炭及雜貨

商

廣島市外草津町

諏訪商店

七一

米雜穀
精米所
卸小賣

商

竹本商店

廣島市外己斐町

宮島線草津町驛前

和洋
御料理御待合所

山吉事

出本貞吉

辨當及會席御料理御好みに應じます

七二

和洋各種帳簿
バインダー及用紙
各種印刷物既製品
高級事務用品一式

増田帳簿店

廣島市革屋町
電話二六七六番

七三

七四

七五

七六

七七

神經痛ロイマチス カツケ專門

特ニルイレキ蓄膿

症ニ家傳灸治ス

水治療法科
熱氣療法科
鍼灸科
電氣療法科

力田療院

廣島市外草津町
電車下車山手二丁上ル

七八

醫師

石井正人

廣島市外己斐町

七九

宮島線
祝全通

山崎富士登

廣島市愛宕町

八〇

内科小兒科

加藤寛

廣島縣佐伯郡五日市町

八一

廣島名藥

お茶でのむ風味よき
かぜねつたんせき妙薬

本舖

澤井十字堂藥局

廣島市中島本町

電話三〇九七番

振替 大阪二八二〇六番
下關三一一七番

八二

營業課目

一、藥品　二、家庭治療機械
三、染料　四、工業用藥品
五、体温計　六、滋養劑
七、内務省免許助産婦

廣島縣佐伯郡草津町

山本藥舖

八三

胃病 肺病 淋病 徽毒
專門藥・藥劑士

平瀨藥局

廣島縣佐伯郡廿日市町

電話二十九番

衛生藥相談所

八四

クリスは

ニコニコ

ヨクキクヨ

能効的注

醫學博士 井上
藥學博士 大槻　兩先生指導

(略効)	方名
●頭痛神經痛藥	ニコサン
●づつう感冒藥	五分間
●高度解熱鎮痛	十分間
●健胃整腸藥	ニコニコ
●せきの風藥	大人咳と熱
●小兒の百日咳	小人咳と熱
●たんせき强壯劑	人參延命丹
●心臟病特効藥	人參心臟圓
●血ノ道一切藥	御神湯
●肩腰のこり藥	鎮痛膏
●きりきづ一切	無臭ホルム散
●振出し風藥	うめい散
●ノム治る齒藥	齒痛トンプク

至る所の各藥店に販賣す

製産販賣高中國第一位

ニコニコ社大藥房

發賣元 岡本平民堂

廣島市天滿町　大阪振替二三八四四番　長電話二〇五七番

大阪賣所 大阪京町堀 小林大藥房

八五

有効 女神丸 責任薬

婦人病の福音
女神丸は一番よくキク婦人坐薬
◎左の病狀の御方に不思議に効きます 定價｛二週間分 九拾錢 五週間分 貳圓｝
こしけの方 月經不順の方 子宮内膜炎の方 子宮出血の方
癇症の方 不姙症の方 足腰冷込の方 ヒステリーの方
産前産後の方 子宮諸病の方

いろ〳〵の薬を試みられて効なく湯治でも全快せず前途を悲観された方が此薬で全治され又は結婚後数年間不姙症の方が子宝を得られた實例が澤山あります婦人病は誰しも秘密に治したいのが人情です、それには一日分僅か七錢でしかも非常に有力な女神丸で自宅療治をなさるに限ります、そして遂に全治の御喜びを得られます事を御断り致して居ります

本舗 廣島西金石堂薬房
廣島縣草津町

キツトよくキ、ます今すぐ御試みなさい

女神丸取扱所 山下商店

八六

藥種問屋
大 太田商店
廣島市東引御堂町
電話長四百十七番
振替大阪三二五九九番

八七

健全は幸福の母

イツツヤネリヤクは幸福の母

一家の幸福は
健全から
健全は!!
イツツヤ
ネリヤクから
一週間分 一圓

皆さん、身體の丈夫な方が最後の勝利者となられる世の中となりました
私達のイツツヤネリヤクは最も理想的に製薬せられました滋養剤でありまして其の効能は明かに三百年の歴史に依つて證明せられて居ります
私達は責任を以つて皆様に此のお薬を御すゝめいたします

廣島市ハリマヤ町
井筒屋藥房

原料は縣下の特産品

寝爐灰懐爐灰は火持が第一
火持は靜壽堂の製品に限る
廣島市大手町八丁目
製造元 靜壽堂
電話一八四一番

良品製出は弊堂の使命

八九

順血三日散
三日球本舗
さいせい湯

賣藥卸問屋

廣島市播磨屋町

赤松又四郎商店

電話三七七番
振替大阪二六二七番

九〇

特製

胃腸藥

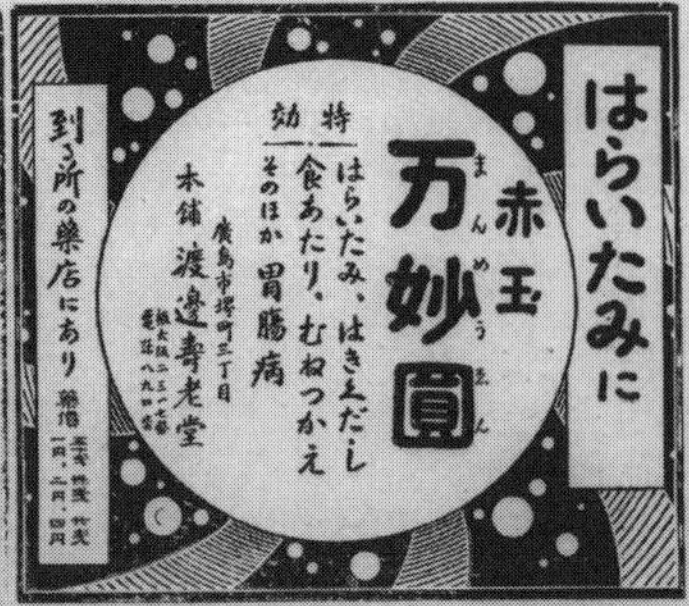

九一

洋藥品
工業藥品
農藝藥品
化學藥品

廣島市宇品町御幸通リ三丁目

岡田藥局

電話二二四七番

陶器及ビ進物
並ニ玩具製造
御用命ハ

商標

岡本順太郎商店

廣島市外電車草津町驛西一丁本通リ

九二

◎廣島に於ける唯一の鞄

海外旅行用トランク
旅行用服入鞄
和服入鞄
手提鞄各種
書類入鞄
抱鞄
學生用雜囊
其の他旅行用具一切
將校用轉任用
ズツク製夜具入

廣島市東横町

マルヤ號

平柿保商店

電話二、六九二番
電略〇ヤ
振替大阪四九八五二番

◎專門店として活躍す

九三

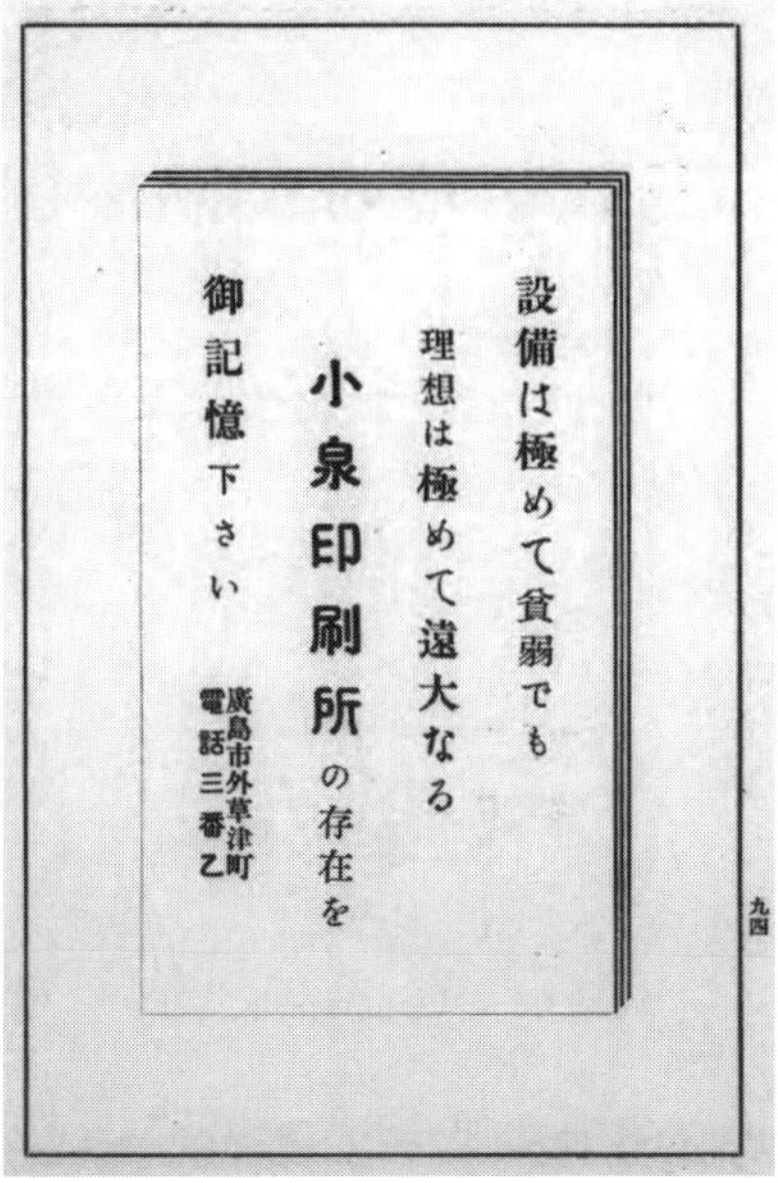
設備は極めて貧弱でも
理想は極めて遠大なる
小泉印刷所の存在を
御記憶下さい
廣島市外草津町
電話三番乙
九四

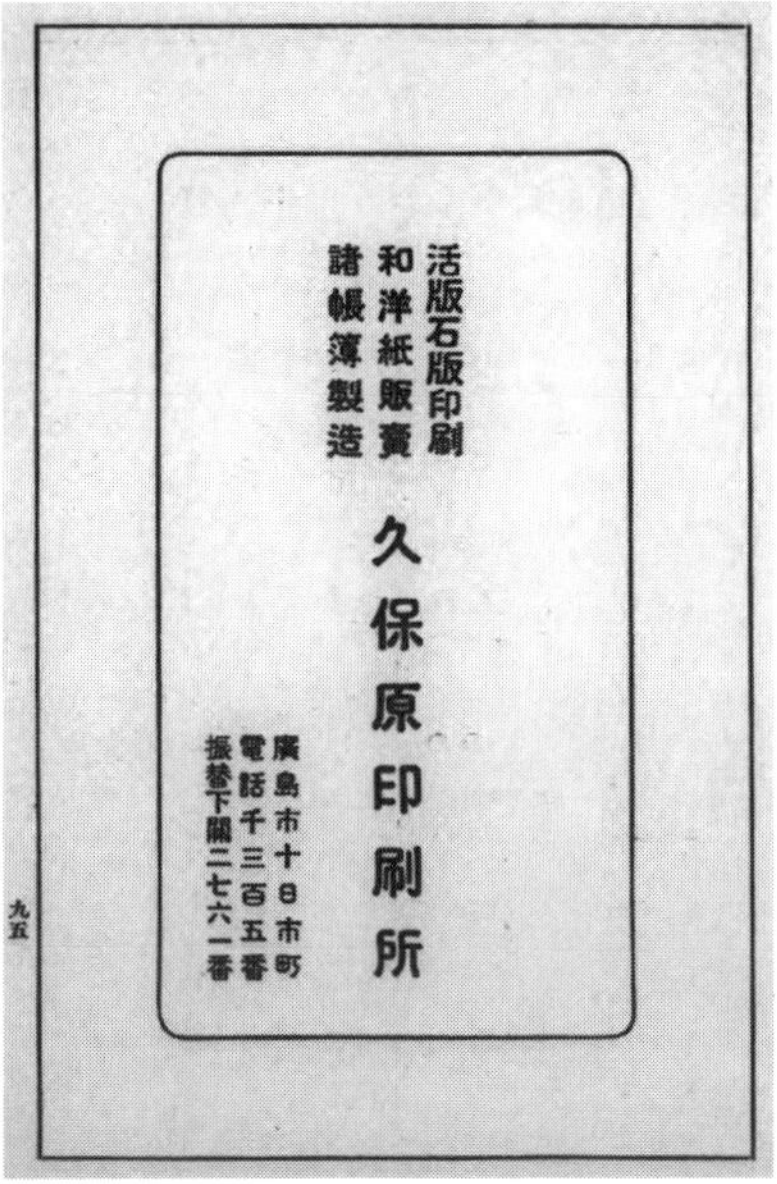
活版石版印刷
和洋紙販賣
諸帳簿製造
久保原印刷所
廣島市十日市町
電話千三百五番
振替下關二七六一番
九五

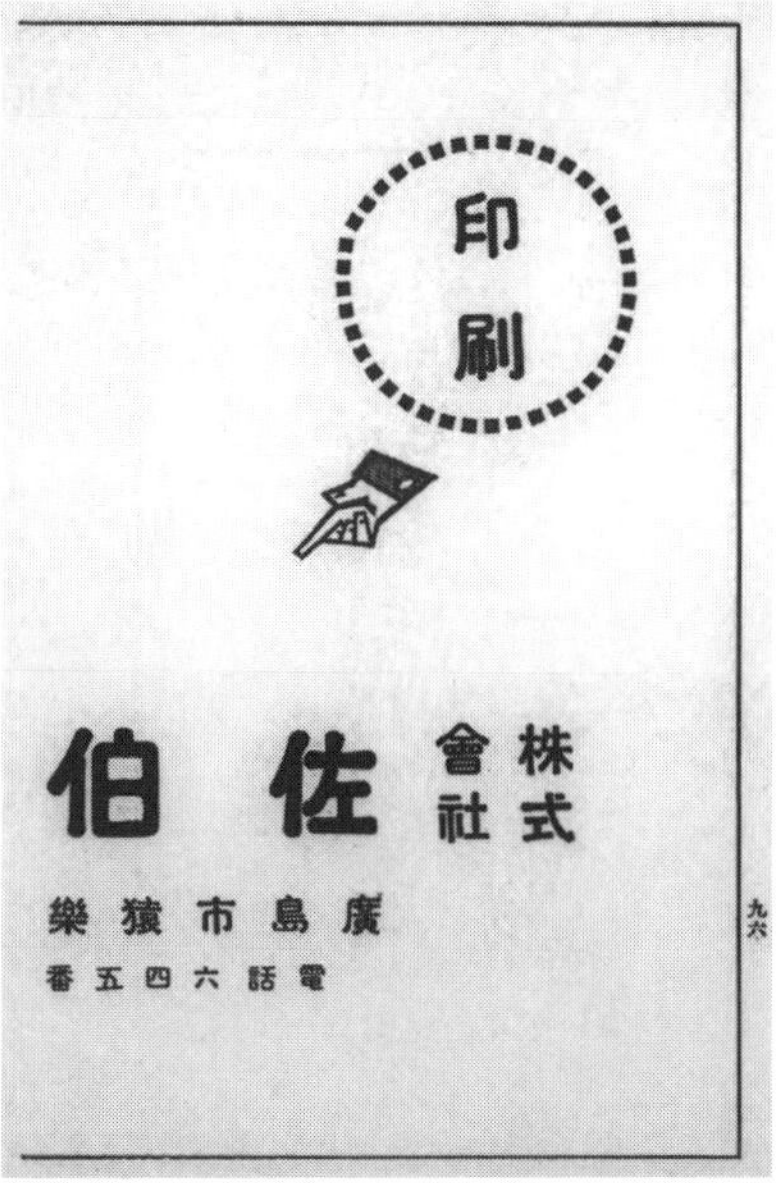
印刷
株式會社
佐伯
廣島市猿樂
電話六四五番
九六

電氣
便利社
町五一番地
振替大阪二三二四〇番
九七

九八

山陽線

田中運輸

己斐本店電話

長一一七番・一〇六九番

九九

己斐驛前

合資會社

廣島支店電話

長五八二番・二〇六六番

一〇〇

セメント

各種石炭

販賣部

運送部

船舶取扱

海陸輸送

廣島市宇品町

合資會社

宮友本店

電話九番

出張所

東本川　電話一五一四番

市外横川　電話三〇四二番

橋下　電話一九六三番

立町　電話二〇八九番

草津町　電話一七番

一〇一

名物

大石餅

己斐支店

荷物

運送

山陽線己斐驛前

大石運送店

電話　五一五番　七五四乙

學生帽子製造販賣

坂村榮次郎

廣島市堀川町（八丁堀筋）

一〇二

一祝事用　一記念品
一法事用　一土産物

總て進物品の御用命は
安心の出來る當店へ

元祖 進

岡尾進物店

廣島市革屋町本通り
電話一三一番
振替福岡一〇三番

一〇三

廣島縣佐伯郡五日市町

吉川寫眞館

一〇四

文部省認可認定
財團法人

己斐中學校

電話二四七〇番

位置　廣島市外己斐町
己斐驛の西方五丁國道に沿ひ山手にて
閑靜交通至便寄宿舍完備し學園に適す

總坪數
敷地　五千七百三十四坪
建物　五百五十六坪

總工費　十五萬一千五百九十四圓
寄宿舍　西洋二階建
生徒定員　一千名

一〇五

廣島での
お買物は

勉強主義の商店聯盟である

廣島廣告協會加入商店を

お選び下さい

一〇六

本店　大阪市東區今橋三丁目

廣島市平田屋町

株式會社

鴻池銀行廣島支店

電話　特長二一三〇番
　　　一一一三番
振替　下關八四〇〇番
口座　大阪六九〇〇〇番

社長　男爵　鴻池善右衛門